Lothar Bublitz • Andreas Schröder • Johannes Müller

Liebe in Aktion

Echte Beziehungen leben

Über die Autoren

Lothar Bublitz, Andreas Schröder und *Johannes Müller* sind Pastoren in der St. Matthäus-Gemeinde in Bremen. Als erste Gemeinde in Deutschland führte sie die Kampagnen »40 Tage – Leben mit Vision« und »40 Tage – Liebe in Aktion« durch, womit sie Pionier für über 600 Gemeinden war.

Bublitz • Schröder • Müller

LIEBE in Aktion

Echte Beziehungen leben

GerthMedien

Bei der Übersetzung wurden die folgenden Bibelausgaben verwendet:

- Luther-Übersetzung. Stuttgart: Deutsche Bibelgesellschaft, 1984 (LÜ)
- Gute Nachricht Bibel. Stuttgart: Deutsche Bibelgesellschaft, 1997 (GN)
- Hoffnung für alle. Basel und Gießen: Brunnen Verlag, 1996 (Hfa)
- Neues Leben. Holzgerlingen: Hänssler Verlag, 2002 (NL)
- Elberfelder Bibel. Wuppertal und Zürich: R. Brockhaus Verlag, 1995 (ELB)

Bestell-Nr. 816 062
1. überarbeitete Auflage 2006

ISBN-10: 3-86591-062-9
ISBN-13: 978-3-86591-062-2

Überarbeitung: Klaus Pache
Lektorat: Nicole Schol, Verena Keil
Umschlaggestaltung: Hanni Plato
Satz: Die Feder GmbH, Wetzlar
Druck und Verarbeitung: GGP Media GmbH, Pößneck

Inhalt

Vorwort von Rick Warren

Wir leben in einer Welt, in der das Wissen explodiert. Es verdoppelt sich etwa alle sechs Jahre. Wir wissen mehr als jede Generation vor uns. Und dennoch haben die Menschen unserer Zeit immer noch mit denselben Problemen zu kämpfen: mit Krieg, Terrorismus, Kriminalität, Misshandlung, Vorurteilen, Hass und Gewalt. Warum? Weil die Welt nicht mehr Wissen braucht, sondern mehr Liebe. Ohne Liebe ist alles, was ich sage, nichts wert. Ohne Liebe zählt all mein Wissen nichts. Das ganze Wissen dieser Welt kann mangelnde Liebe nicht aufwiegen.

Gott sagt, dass ich die Wortgewandtheit eines Redners, das Wissen eines Genies, den Glauben eines Wundertäters, die Großzügigkeit eines Philanthropen und die Verdienste eines Superstars besitzen kann – aber wenn ich keine Liebe in meinem Herzen habe, bedeutet das alles nichts. Keinen Cent ist es wert. Das Einzige, was vor Gott zählt, ist, dass ich ihn und meinen Nächsten liebe.

Aber was ist Liebe? Wir werden 40 Tage brauchen, um diese Frage beantworten zu können. So viel steckt in diesem einen Wort. Wir werden tief schürfen und ich kann Ihnen versichern: Einiges wird Sie überraschen. Sie werden Facetten der Liebe kennen lernen, die Sie so noch nicht bedacht haben.

Ich erlebe immer wieder, dass das größte Hindernis dafür, sich der Liebe auszusetzen, Angst ist. Aber denken Sie mal darüber nach: Im Durchschnitt leben wir 27.760 Tage. Können Sie sich vorstellen, 40 von diesen 27.760 Tagen zu investieren, um der wichtigsten Sache der Welt auf den Grund zu gehen – Ihrem ersten Daseinsgrund, dem wichtigsten Lebensziel, der Grundlage jeder Beziehung?

Ich denke, es ist lohnenswert, sich dafür 40 Tage Zeit zu nehmen und aus der Alltagsroutine auszubrechen!

1. Tag
Was wirklich zählt

»Lasst die Liebe euer höchstes Ziel sein!«
1. Korinther 14,1 (Hfa)

Die Liebe ist das Wichtigste

In dem Film »Tatsächlich Liebe« lässt der Drehbuchautor den britischen Premierminister – der von Hugh Grant dargestellt wird – sagen: »Wenn mich die weltpolitische Lage deprimiert, denke ich immer an die Ankunftshalle im Flughafen Heathrow. Es wird allgemein behauptet, wir lebten in einer Welt voll Hass und Habgier, aber das stimmt nicht. Im Gegenteil, mir scheint, wir sind überall von Liebe umgeben. Oft ist sie weder besonders glanzvoll noch spektakulär, aber sie ist immer da: Väter und Söhne, Mütter und Töchter, Ehepaare, frisch Verliebte, alte Freunde. Als die Flugzeuge ins ›World Trade Center‹ flogen, gab es unter den Anrufen der Menschen an Bord meines Wissens nach keine Hass- oder Rachebotschaften. Es waren alles Botschaften der Liebe. Ich glaube, wer darauf achtet, wird feststellen können, dass Liebe tatsächlich überall zu finden ist.«

Das stimmt, und es ist ein Beleg dafür, dass Liebe tatsächlich das Wichtigste in unserem Leben ist. Viel wichtiger, als wir oft denken. Und aus diesem Grund wollen wir uns in den kommenden 40 Tagen einmal intensiver mit diesem Thema beschäftigen.

Wie sehen Sie Ihr Leben? Haben Sie den Eindruck, dass Sie Ihre Prioritäten richtig setzen? Was ist Ihnen am wichtigsten, was ist Ihr höchstes Ziel?

In einem der bekanntesten Abschnitte der Bibel bekommen wir eine Antwort, mit der die wenigsten von uns wohl gerechnet hätten, obwohl sie so offensichtlich ist. Wir werden uns in den kommenden 40 Tagen immer wieder mit dem 13. Kapitel aus dem 1. Korintherbrief beschäftigen. Sie sollten die Verse dieses Abschnittes immer wieder lesen und, wenn möglich, auswendig lernen. Dieses Kapitel ist die Antwort auf unsere Fragen, und der Vers, den Sie heute auswendig lernen, die logische Konsequenz: »Lasst die Liebe euer höchstes Ziel sein!« (1. Korinther 14,1; Hfa).

1. Tag:
Die Liebe ist das Wichtigste

Liebe ist das höchste Ziel. Gott hat uns als »Beziehungswesen« geschaffen, mit der Sehnsucht, eine Verbindung zu ihm und zu anderen einzugehen, daher genießen Beziehungen in seinen Augen höchste Priorität. Die Zehn Gebote sind im Grunde nichts anderes als Ausführungen darüber, wie Beziehungen aussehen sollten. In den ersten vier Geboten geht es um unsere Beziehung zu Gott, in den weiteren Geboten um unsere Beziehung zu anderen Menschen. Dabei ist die Liebe in diesen Beziehungen der höchste Wert.

Folglich geht es bei der Frage, die wir uns stellen sollten, darum, wie wir mit Gott und mit den Menschen leben, mit denen wir tagtäglich in Kontakt kommen: »Habe ich Zeit für Gott, habe ich Zeit für meine Freunde, Zeit für meine Frau, meinen Mann, meine Kinder? Habe ich Zeit für Menschen, die meine Hilfe brauchen?« Beziehungen sollten nicht ein Punkt auf unserer täglichen To-do-Liste sein, sie sind unser Leben. Deshalb ist Gottes Gebot unmissverständlich: »Lasst die Liebe euer höchstes Ziel sein!«

Unmittelbar vor dieser Aufforderung steht der bekannte Vers aus 1. Korinther 13, Vers 13 (LÜ): »Und so bleiben Glaube, Liebe und Hoffnung, aber die Liebe ist die Größte unter ihnen.«

Wenn das stimmt, dann hinterlässt nichts in unserem Leben ein größeren Eindruck als die Liebe. Die Art und Weise, wie wir mit Menschen umgehen, zählt mehr als all unser Besitz, unsere Intelligenz oder unsere Leistungen.

Mutter Teresa hat einmal gesagt: »Es kommt nicht darauf an, was Sie tun, sondern mit wie viel Liebe Sie es tun.« Die Liebe ist das Geheimnis eines Lebens, das einen bleibenden Eindruck hinterlässt.

Rick Warren fasst dies besonders prägnant in Worte: »Ich stand am Sterbebett von vielen Menschen, die sich kurz davor befanden, in die Ewigkeit hinüberzugehen. Aber keiner von ihnen sagte: ›Bitte bringen Sie mir meine Diplome! Ich möchte sie mir noch ein letztes Mal anschauen. Zeigen Sie mir meine Preise, meine Medaillen und die goldene Uhr, die ich bekommen habe.‹ Wenn das Leben auf dieser Erde zu

Ende geht, umgeben sich Menschen nicht mehr mit Dingen. Sie wollen Menschen um sich haben – Menschen, die sie lieben und zu denen sie enge Beziehungen haben« (Rick Warren: »Leben mit Vision«. Asslar: Gerth Medien 2003, S. 123–124).

Spätestens am Ende unseres Lebens werden wir erkennen, dass im Leben nur Beziehungen zählen. Aber dann könnte es schon zu spät sein. Aus diesem Grund sollten wir rechtzeitig unsere Prioritäten ändern. Ich bin sicher, dass Gott später nicht sagen wird: »Erzähl mir etwas über deine Karriere, deine Hobbys und dein Bankkonto.« Er wird fragen, welchen Stellenwert wir ihm in unserem Leben eingeräumt haben. Es wird nicht wichtig sein, was wir für ihn geleistet und getan haben. Es wird nicht entscheidend sein, wie viele fromme Bücher wir gelesen und wie viele fromme Veranstaltungen wir besucht oder woran wir mitgearbeitet haben. Er wird fragen, ob wir ihm vertraut und ihm unsere Liebe geschenkt haben.

Und er wird fragen, wie wir mit anderen Menschen umgegangen sind, besonders mit denen, die Hilfe brauchten. Jesus sagte: »Wahrlich, ich sage euch: Was ihr getan habt einem von diesen meinen geringsten Brüdern, das habt ihr mir getan« (Matthäus 25,40; LÜ).

Was zählt, was ist wirklich wichtig? Unsere Beziehung zu Gott und zu den Menschen, mit denen wir leben. Liebe soll dieses Miteinander bestimmen, Liebe ist das Größte!

Bibellese: 1. Korinther 13,1–14,1

Fragen zum Nachdenken: Ich sehne mich nach liebevollen Beziehungen. Was kann ich heute dafür tun?

Reisenotizen

2. Tag

Ohne Liebe bin ich nichts

»Ohne Liebe bin ich nichts. [...]
Selbst wenn ich all meinen Besitz an die Armen verschenken
und für meinen Glauben das Leben opfern würde,
hätte aber keine Liebe, dann wäre alles umsonst.«
1. Korinther 13,1a.3 (Hfa)

Ein Leben ohne Liebe ist wertlos

Wenn ein Redner unsere Aufmerksamkeit haben, wenn er etwas hervorheben will oder wenn er möchte, dass wir das Gehörte besser behalten, wird er ein besonderes Stilmittel verwenden: die Wiederholung. Er drückt den gleichen Sachverhalt mehrfach in unterschiedlichen Worten aus.

In den ersten Versen des 13. Kapitels des 1. Korintherbriefs macht es Paulus genauso. Immer wieder betont er das Gleiche, fünfmal hintereinander geht es immer wieder um denselben Aspekt. Dies tut er, damit wir eines begreifen: Das Wichtigste im Leben ist die Liebe. Durch sie erhält unser Leben seine besondere Qualität. Ohne Liebe sind wir nichts. Ohne Liebe ist alles umsonst.

Er schreibt:

- Wenn wir keine Liebe haben, dann zählt all unser Reden nichts.
- Wenn wir keine Liebe haben, dann zählt all unser Wissen nichts.
- Wenn wir keine Liebe haben, dann zählt all unser Glaube nichts.
- Wenn wir keine Liebe haben, dann zählt all unser Einsatz nichts.
- Wenn wir keine Liebe haben, dann zählt all die Anerkennung, die wir bekommen, nichts.

Wir können ein fantastischer Redner sein, über das Wissen eines Genies verfügen, den Glauben eines Wundertäters haben, die Großzügigkeit in Person sein und die Anerkennung eines Millionenpublikums genießen – all das zählt nichts, wenn das Wichtigste fehlt. Gott ist nur das eine wichtig: dass ich ihn liebe und dass ich die Menschen liebe.

Beziehungen – und nicht der Erwerb von Besitz oder hervorragende Leistungen – sind das, was wirklich zählt. Das Schlimme ist jedoch, dass es immer wieder gerade die Beziehungen sind, die in unserem Leben zu kurz kommen. Wenn der Terminkalender voll ist, leidet darunter zuallererst die liebevolle Gemeinschaft mit anderen Menschen. Was Gott so wichtig ist, ersetzen wir durch anderes, das wir für wichtiger halten.

Unser überfüllter Terminkalender ist der Feind unserer Beziehungen. Der Beruf fordert uns. Wir wollen weiterkommen, möglichst viel Geld verdienen. Die Freizeit fordert uns, ebenso die vielen Stunden vor dem Fernseher, zeitintensive Hobbys, ehrgeizige sportliche Ziele. All diese Dinge erwecken den Eindruck, als seien sie das Wichtigste in unserem Leben. Aber das sind sie nicht. Das Wichtigste im Leben ist es, lieben zu lernen – zuerst Gott und dann die Menschen. Ein Leben ohne Liebe ist nichts.

Leider erkennen wir dies oft erst dann, wenn wir schwierige Zeiten durchmachen müssen. In diesen Situationen zeigt sich, wer unsere Freunde und wie sehr wir auf sie angewiesen sind. In solchen Zeiten merken wir, wer uns in Liebe und Verständnis zur Seite steht – und ob wir die Beziehungen in unserem Leben vielleicht zu sehr vernachlässigt haben. Oberflächliche Kontakte haben in solchen Situationen keine Bedeutung.

2. Tag:
Ein Leben ohne Liebe ist wertlos

Jesus macht das an einem Beispiel deutlich:

»Ein reicher Gutsbesitzer hatte eine besonders gute Ernte. Er überlegte: ›Wo soll ich bloß alles unterbringen? Meine Scheunen sind voll; da geht nichts mehr rein.‹ Er beschloss: ›Ich werde die alten Scheunen abreißen und neue bauen, so groß, dass ich das ganze Getreide, ja alles, was ich habe, darin unterbringen kann. Dann will ich mich zur Ruhe setzen. Ich habe für lange Zeit ausgesorgt. Jetzt lasse ich es mir gut gehen. Ich will gut essen und trinken und mein Leben genießen!‹ Aber Gott sagte zu ihm: ›Du Narr! Noch in dieser Nacht wirst du sterben. Was bleibt dir

dann von deinem Reichtum?‹ So wird es allen gehen, die auf der Erde Reichtümer sammeln, aber mit leeren Händen vor Gott stehen« (Lukas 12,16–21; Hfa).

Dieser erfolgreiche Unternehmer hatte sich offenbar niemals Gedanken darüber gemacht, wie er mit dem Segen, den Gott ihm anvertraut hat, selbst anderen zum Segen werden konnte. Sein einziger Gedanke war: »Wie kann ich noch mehr anhäufen? Ich besitze mehr, als ich verbrauchen oder lagern kann. Ich habe nicht genug Platz, aber ich kann noch Scheunen anmieten. Ich werde nichts von meinem Überfluss abgeben. Ich werde mich lieber mit dem Gedanken zur Ruhe setzen: ›Schau, was du alles erreicht hast.‹«

Gott sah das offensichtlich anders. Er kommentiert das Verhalten des Unternehmers mit den Worten: »Dir fehlt das Wichtigste, dir fehlt das, worauf es im Leben am meisten ankommt. Und darum hast du in Wirklichkeit gar nichts erreicht.«

Wir können viel besitzen, manchen Erfolg vorweisen und besondere Fähigkeiten haben, aber all das bedeutet in Gottes Augen nichts, wenn wir es nicht einsetzen, um andere damit zu unterstützen. Wir haben vergebens gelebt, denn ein Leben ohne Liebe ist wertlos.

Bibellese: 2. Korinther 5,14–17

Fragen zum Nachdenken: Nehme ich mir Zeit für andere Menschen? Investiere ich mich in liebevolle Beziehungen und bin ich für andere da?

Reisenotizen

3. Tag

Die Liebe in Person

»Gott ist die Liebe.«
1. Johannes 4,8 (LÜ)

Wirkliche Liebe fängt bei Gott an

Das 13. Kapitel des 1. Korintherbriefes wird von vielen auch als das »Hohelied der Liebe« bezeichnet. Dieser Begriff kommt aus dem Alten Testament, denn dort finden wir ein ganzes Buch, das im Deutschen als »Das Hohelied« bezeichnet wird. Die hebräische Bezeichnung macht jedoch noch deutlicher, wie dieses alttestamentliche Buch sich selbst versteht. Im ersten Vers heißt es: »Dies ist das Lied der Lieder von Salomo.« Der jüdische König Salomo war und ist bis heute für seine besondere Weisheit bekannt. Die Bibel berichtet, dass er über 1.000 Lieder verfasst hat, in denen seine Weisheit und seine Einsichten in das Leben zum Ausdruck kamen. Und dieses Buch, »Das Hohelied«, ist das stärkste, es ist das tief gehendste, es ist das schönste Lied, das Salomo jemals geschrieben hat. Genau das will der erste Vers ausdrücken.

Später haben Christen diese Bezeichnung auf das 13. Kapitel des 1. Korintherbriefes angewendet, um damit auszudrücken: Das ist das größte, das schönste Lied über die Liebe, das es gibt. Immer wieder haben Menschen Lieder über die Liebe geschrieben. Aber bis in unsere Tage kann kein Liebeslied, kein Love-Song an das heranreichen, was in 1. Korinther 13 über Liebe gesagt wird.

Aus diesem Grund sollten wir dieses Kapitel immer wieder lesen und uns intensiv damit beschäftigen. Wir müssen verstehen lernen, was Liebe wirklich ist, was sie für unser Leben bedeutet und wie sie uns verändert.

Dazu stehen mir drei Dinge vor Augen, die mir beim Lesen dieser Verse eine Hilfe sind.

Zunächst muss ich an eine theologische Vorlesung denken, in der wir über 1. Korinther 13 sprachen. Der Dozent forderte einige Studenten auf, das Kapitel laut für alle vorzulesen. Nachdem das einige von uns getan hatten, sagte er: »Sie haben alle diese Verse falsch gelesen. Ihre Betonung hat den Sinn verfehlt.« Wir schauten uns verwundert an, denn jeder hatte sich besondere Mühe gegeben. Was hatte ihm nicht gefallen? Nun, wir hatten es so betont, wie es die meisten machen: »Die Liebe *eifert* nicht, die Liebe *treibt* nicht *Mutwillen*, sie *bläht sich* nicht auf ... Sie *erträgt* alles, sie *glaubt* alles, sie *hofft* alles, sie *duldet* alles.« Wir hatten die Betonung auf die verschiedenen Ausdrucksformen der Liebe gelegt.

Der Dozent machte uns jedoch klar, dass es an dieser Stelle nicht um die unterschiedlichen Ausdrucksformen geht, es geht hier um die Vollkommenheit der Liebe. Gott macht an dieser Stelle deutlich, wie umfassend echte Liebe ist. Deshalb liegt die Betonung auf zwei Worten: auf »nicht« und auf »alles«. »Die Liebe eifert *nicht*, die Liebe treibt *nicht* Mutwillen, sie bläht sich *nicht* auf ... Sie erträgt *alles*, sie glaubt *alles*, sie hofft *alles*, sie duldet *alles*.«

Das werde ich nicht mehr vergessen! Damals begriff ich, wie umfassend die Liebe Gottes ist. Aber je besser ich das verstand, desto stärker empfand ich auch den hohen Anspruch für mein Leben.

Deshalb als Zweites: Setzen Sie beim Lesen dieses Kapitels doch einmal für das Wort »Liebe« Ihren Namen ein. Beispielsweise: »Thomas eifert nicht, Thomas treibt nicht Mutwillen, Thomas bläht sich nicht auf ... Thomas erträgt alles, Thomas glaubt alles, Thomas hofft alles, Thomas duldet alles.« Dann lesen Sie die Verse einmal laut vor. Es wird Ihnen so ergehen wie mir: Je weiter Sie lesen, desto stärker empfinden Sie den Widerspruch zu Ihrem Leben. Sie werden sich sagen: »So bin ich nicht. Ich würde diesem Idealbild gerne ein wenig mehr entsprechen, aber so bin ich nicht!«

Wirkliche Liebe fängt bei Gott an

Vielleicht sollten wir lieber etwas anderes tun. Viel nahe liegender wäre es, das Wort »Liebe« durch ein anderes Wort, durch einen anderen Namen zu ersetzen. Und das ist der dritte Gedanke: Setzen Sie einmal überall dort, wo »Liebe« steht, »Jesus« ein: »Jesus eifert nicht, Jesus treibt nicht Mutwillen, Jesus bläht sich nicht auf ... Jesus erträgt alles, Jesus glaubt alles, Jesus hofft alles, Jesus duldet alles.«

Als ich das vor vielen Jahren zum ersten Mal tat, ging mir ein Licht auf. Gott selbst ist die vollkommene Liebe. Durch ihn erfahre ich echte

Liebe. Er ist die Liebe in Person. Das, was ich mir für mich selbst wünsche, erhalte ich durch ihn. Was ich gern für andere sein möchte, das kann nur dann geschehen, wenn er in mir wahrhaftige Liebe hervorbringen kann.

Liebe in Person, das ist nur Gott selbst. Und wenn wir es für andere sein wollen, dann brauchen wir ihn als den, der uns dazu die Kraft schenkt und unser Vorbild ist. Wenn wir darüber nachdenken, wie umfassend, wie vollkommen er uns liebt, dann kann und dann wird sich etwas in uns verändern, sodass auch wir lieben können.

Bibellese: Epheser 3,14–21

Fragen zum Nachdenken: Wenn ich an Gott denke, steht mir dann seine umfassende und vollkommene Liebe vor Augen? Wie kann ich ihm heute dafür danken?

Reisenotizen

4. Tag
Gott über alle Dinge lieben

»Du sollst den Herrn, deinen Gott, lieben von ganzem Herzen, von ganzer Seele, von ganzem Gemüt und von allen deinen Kräften.«
Markus 12,30 (LÜ)

Das wichtigste Gebot: eine einfache Antwort auf eine schwierige Frage

Das Judentum zählte zur Zeit Jesu 613 verschiedene Gebote, die man zu beachten hatte. Manche haben heute schon Schwierigkeiten damit, die Zehn Gebote zu behalten. Wie viel schwieriger war es da wohl, sich 613 Regeln zu merken und sie zu beachten?

Kein Wunder, dass die Juden die Frage nach dem wichtigsten dieser vielen Gebote beschäftigte. Wenn man schon nicht alle dieser zahllosen Gebote ständig vor Augen hatte, welches Gebot durfte man auf keinen Fall vergessen?

Im 12. Kapitel des Markusevangeliums können Sie nachlesen, wie ein Mensch, der Gott suchte, Jesus nach dem wichtigsten Gebot fragte. Im Matthäusevangelium, Kapitel 22 wird berichtet, wie ein anderer Mann Jesus mit dieser Frage eine Falle stellen wollte. Und in Lukas 10 konfrontierte ihn jemand damit, der gar nicht bereit war, sein Leben entsprechend zu ändern.

Kommt Ihnen das bekannt vor? Unsere heutige Zeit gleicht in mancher Hinsicht der damaligen Situation. Eine Fülle an Dingen verlangt unsere Aufmerksamkeit. Ständig werden wir mit irgendwelchen Botschaften bombardiert. Das Fernsehen überschüttet uns mit einer Fülle an Informationen. Der Arbeitstag ist optimiert, unsere Freizeit verplant, unsere Terminkalender sind voll. Wir wollen alles gleichzeitig machen, jeder Augenblick muss genutzt werden. Fachleute sagen, dass es heute darauf ankommt, Unwichtiges schnell von Wichtigem zu trennen und das, was wirklich zählt, dann festzuhalten. Und so lautet unsere Frage heute noch genauso wie damals: Was ist wirklich wichtig? Worauf sollten wir heute zuerst achten?

Jesus bringt es mit einem Doppelgebot auf den Punkt: »Du sollst Gott und deinen Nächsten lieben wie dich selbst.« Das ist der Maßstab, nach dem wir unsere Aktivitäten ordnen können. Jesus sagt auch, wie die Liebe zu Gott aussehen soll: »Du sollst Gott lieben von ganzem Herzen, von ganzer Seele, von ganzem Gemüt und von allen deinen Kräften.« Das bedeutet: Wir sollen Gott in dreifacher Weise lieben: hingegeben, bewusst und praktisch.

1. Wir sollen Gott hingegeben lieben.

Gott hingegeben zu lieben heißt, ihm mit größter Leidenschaft zu dienen.

Jesus formuliert dies folgendermaßen: »Du sollst Gott lieben von ganzem Herzen und ganzer Seele.« Viele Menschen meinen, der Glaube sei nur eine bestimmte religiöse Überzeugung, ein bestimmtes Denken über Gott. Aber die Bibel macht deutlich: Glaube ist in erster Linie und zuallererst eine persönliche Liebesbeziehung zu Gott. Eine solche Liebe schließt unsere Gefühle und Empfindungen mit ein. Gott freut sich darüber, wenn wir ihm unsere Wertschätzung zeigen. Er hört es gern, wenn wir ihm sagen: »Ich liebe dich.« Haben Sie das schon einmal zu Gott gesagt? Falls nicht, könnten Sie dies jetzt nachholen. Danken Sie ihm für all das Gute in Ihrem Leben und sagen Sie ihm: »Du hast so viel für mich getan. Ich vertraue darauf, dass du es gut mit mir meinst. Hier bin ich. Mein Leben gehört dir.« Schließlich können Sie beten: »Ich weiß, dass du, Gott, mich sehr liebst. Dafür bin ich von Herzen dankbar. Ich liebe dich auch.«

2. Wir sollen Gott bewusst lieben.

Gott bewusst zu lieben heißt, ihm unsere ganze Aufmerksamkeit zu schenken.

Jesus sagt: »Du sollst Gott lieben von ganzem Gemüt.« In der Bibel stehen die Worte »Gemüt« bzw. »Herz« für unser Wollen und Denken. Das Zentrum unserer Entscheidungen, unsere gesamte Lebenseinstellung soll von der Liebe zu Gott geprägt sein. Gott möchte, dass wir unser Leben und unseren Glauben sehr bewusst leben. Gott möchte, dass wir über ihn und sein Handeln nachdenken. Darin drückt sich unsere Liebe zu ihm aus.

Unser Denken und Wollen wird durch das Lesen von Gottes Wort geprägt. Wenn wir täglich etwas Zeit damit verbringen, konzentriert einen Abschnitt aus der Bibel zu lesen, hilft uns das, bewusst mit Gott zu leben. Aus dieser Stille können wir mit ihm über das Gelesene reden und unseren Alltag unter seine Leitung stellen. Gott möchte, dass wir ihn bewusst lieben. Er möchte nicht, dass wir nur mechanisch fromme Regeln befolgen oder rituelle Gebete verrichten. Er will unsere ungeteilte Aufmerksamkeit, wenn wir seine Kinder sind.

4. Tag:
Das wichtigste Gebot: eine einfache Antwort auf eine schwierige Frage

3. Wir sollen Gott praktisch lieben.

Gott praktisch zu lieben heißt, ihm all unsere Fähigkeiten zur Verfügung zu stellen.

Jesus sagt: »Du sollst Gott lieben von allen deinen Kräften.« Die Liebe zu Gott ist keine abstrakte Sache. Auch wenn wir Gott nicht sehen, so können wir ihm doch konkret dienen. Gott praktisch zu lieben kann zum Beispiel ein Opfer an Zeit oder Geld sein, das ich ihm als Ausdruck meiner Liebe zur Verfügung stelle. Wir können unsere Fähigkeiten und Kenntnisse als Ausdruck unserer Hingabe zu Gott in der Gemeinde einbringen. Paulus macht deutlich, wie dies aussehen kann, wenn er schreibt : »Alles, was ihr tut [...], das tut alles im Namen des Herrn Jesus und dankt Gott, dem Vater, durch ihn« (Kolosser 3,17; LÜ).

Bibellese: 5. Mose 10,12–22

Fragen zum Nachdenken: Heute kann ich damit beginnen, Wichtiges von Unwichtigem zu unterscheiden. Wie will ich an diesem Tag meine Liebe zu Gott hingegeben, bewusst und praktisch leben?

Reisenotizen

5. Tag

Verbindliche Liebe

»Lasst uns lieben, denn er hat uns zuerst geliebt.
Wenn jemand spricht: Ich liebe Gott, und hasst seinen Bruder, der ist ein Lügner. Denn wer seinen Bruder nicht liebt, den er sieht, wie kann er Gott lieben, den er nicht sieht?«
1. Johannes 4,19–20 (LÜ)

Verbindliche Liebe legt sich fest

Jahrelang haben Gemeinden ihre Mitarbeiter über die Maßen gefordert. Wer einmal bereit war mitzuarbeiten, hatte damit so etwas wie eine Lebensaufgabe erhalten und oft kaum eine Chance, diese Aufgabe jemals wieder abzugeben, ohne ein schlechtes Gewissen haben zu müssen. Dies ist inzwischen anders geworden, und das ist auch gut so. Man verpflichtet sich inzwischen eher für einen bestimmten Zeitrahmen oder ein bestimmtes Projekt. Aber eines gilt unverändert: Um eine Aufgabe gut zu erfüllen, braucht man Hingabe und Treue.

Diese beiden Eigenschaften werden wir immer wieder dort entdecken, wo Menschen etwas Besonderes in ihrem Leben geleistet haben. Dabei wird oft unterschätzt, wie wichtig Beständigkeit ist. Treue, ein festes Zueinanderstehen, hat für unser gesamtes Miteinander eine hohe Bedeutung.

Gott macht deutlich: Es gibt keine echte Liebe ohne Verbindlichkeit. Am Durchhaltevermögen zeigt sich die Qualität echter Liebe. »Wenn jemand spricht: Ich liebe Gott, und hasst seinen Bruder, der ist ein Lügner. Denn wer seinen Bruder nicht liebt, den er sieht, wie kann er Gott lieben, den er nicht sieht?«

Aus dieser Bibelstelle geht ganz klar hervor, dass unsere Beziehung zu Gott in einem engen Zusammenhang zu unserem Umgang mit anderen steht. Johannes spricht von einer beständigen Liebe. Ein paar Verse zuvor drückt er es so aus: »Wer in der Liebe bleibt, der bleibt in Gott« (1. Johannes 4,16; LÜ). Wahre Liebe ist kein kurzes Gefühl, sondern ein Entschluss, ein bleibendes Verhalten. Wahre Liebe ist von Dauer. Wahre Liebe hält an etwas oder jemandem fest, egal, ob es ihr leicht fällt oder schwer.

Wahrscheinlich wünschen wir uns, dass unsere Liebe zu anderen in diesen 40 Tagen wächst. Vielleicht beten wir sogar: »Jesus, hilf mir, dass ich ein Mensch werde, dessen Leben von Liebe gekennzeichnet ist. Ich möchte anderen nicht oberflächlich begegnen. Zeig mir, wie ich echte, tief gehende Beziehungen aufbauen kann. Ich habe erkannt, dass Liebe das Wichtigste in meinem Leben sein soll.« Aber Vorsicht: Es könnte sein, dass Gott diese Art von Liebe auf eine Weise reifen lässt, die nicht unseren Erwartungen entspricht. In der Liebe zu reifen, das geht nicht ohne Bewährung. Und Gott wird uns wahrscheinlich mit schwierigen Situationen konfrontieren, damit unsere Liebe zu anderen nicht oberflächlich bleibt, sondern durch diese Erfahrungen vertieft wird.

Gott will uns helfen, damit wir Menschen mit Durchhaltevermögen werden. Unser Glaube, also unsere Liebe zu Gott und unseren Mitmenschen, soll von Verbindlichkeit gekennzeichnet sein. Gott möchte, dass wir in den fünf wichtigsten Aufträgen, die er für unser Leben hat, verbindlich sind. Unser Leben soll gekennzeichnet sein durch:

1. Verbindliche Anbetung

Ob wir Gott lieben, sollte keine offene Frage sein, die wir mit »vielleicht« beantworten. So wie man nicht »vielleicht« verheiratet ist, folgt man auch nicht »vielleicht« Jesus nach. Wir sollten Gott nicht nur in den Augenblicken an die erste Stelle setzen, in denen wir uns besonders geistlich fühlen, sondern gerade dann, wenn es uns nicht leicht fällt.

2. Verbindliche Gemeinschaft

Verbindliche Liebe zu anderen zeigt sich darin, wie wir die Gemeinschaft mit anderen über eine längere Zeit wahrnehmen. Wie verbindlich jemand in Beziehungen ist, kann man daran ablesen, inwiefern er sich um gemeinsame Treffen bemüht und Verabredungen einhält. Verbindliche Gemeinschaft wird auch im Besuch unserer Kleingruppen und Gottesdienste sichtbar.

3. Verbindliche Nachfolge

Solange wir leben, werden wir unvollkommen sein und Fehler machen. Solange wir leben, wird Gott daran arbeiten müssen, uns seinem Sohn, Jesus Christus, ähnlicher zu machen. Das wird nur dann möglich, wenn wir eng mit ihm verbunden bleiben. Verbindlichkeit und Regelmäßigkeit gehören zusammen. Regelmäßiges Lesen seines Wortes und regelmäßiges Gebet kennzeichnen verbindliche Nachfolge.

5. Tag: Verbindliche Liebe legt sich fest

4. Verbindliche Mitarbeit

In meiner Verantwortung als Gemeindepastor ist es mir inzwischen sehr viel wichtiger geworden, dass Menschen *beständig* mitarbeiten. Früher haben mich Menschen mit ihren Fähigkeiten beeindruckt. Heute weiß ich, wie wichtig es ist, dass man eine Aufgabe nicht nur anfängt, sondern sie treu und mit viel Durchhaltevermögen auch zu Ende führt.

5. Verbindliche Mission

Als Gott sich vornahm, diese Welt zu retten, da war sofort deutlich, dass ihn das sein größtes Opfer kosten würde. Er war bereit, seinen Sohn Jesus Christus in diese Welt zu schicken. Und eben diese Gute Nachricht müssen die Menschen hören und glauben, die ihn noch nicht kennen, denn sonst gehen sie in Ewigkeit verloren. Es ist unsere Aufgabe, ihnen davon zu erzählen und den Missionsauftrag Jesu ernst zu nehmen. Wie können wir behaupten, dass wir sie lieben, wenn wir ihnen nicht davon erzählen?

Bibellese: 1. Timotheus 1,3–7.15–17

Frage zum Nachdenken: In welchem der fünf Lebensaufträge will ich verbindlicher in meiner Liebe zu Gott und den Menschen werden?

Reisenotizen

6. Tag

Ein Entschluss, der zur Tat wird

»Lebt nach dem wichtigsten Gebot, das Gott uns gegeben hat: Du sollst deinen Nächsten lieben wie dich selbst! Wenn ihr das in die Tat umsetzt, handelt ihr richtig.«
Jakobus 2,8 (Hfa)

Liebe ist nicht von Gefühlen abhängig

Liebe ist in erster Linie kein Gefühl. Liebe bewirkt Gefühle. Sie kann starke Empfindungen verursachen, sie kann die verschiedensten Stimmungen hervorrufen, sie kann uns auf »Wolke 7« schweben lassen. Aber Liebe ist in erster Linie kein Gefühl, sondern eine Tat.

Gefühle können wir nicht anordnen. Wir können niemandem befehlen: »Fühl dich glücklich!« Oder: »Sei fröhlich!« Oberflächliche Gefühle können plötzlich entstehen und sie können ebenso schnell wieder verschwinden. Sie sind abhängig von äußeren Situationen, von Worten und Begegnungen, von guten oder schlechten Nachrichten und vielem mehr. Wir können entscheiden, ob solche Gefühle unser Leben beherrschen, aber wir können nicht verhindern, dass wir sie zunächst einmal empfinden.

Anders ist es jedoch mit der Liebe. Hier finden wir klare Anweisungen in der Bibel. »Liebe Gott, deinen Herrn, von ganzem Herzen ...!« oder: »Liebe deinen Nächsten wie dich selbst!« Solche Gebote setzen voraus, dass es in unserer Entscheidung liegt, sie zu befolgen. Gefühle kann man nicht per Gebot verordnen, Liebe offensichtlich schon.

Nehmen wir Gottes Wort ernst, ergeben sich daraus zwei Schlussfolgerungen:

1. Liebe ist immer eine Entscheidung.

Wir können bestimmen, ob wir jemanden lieben oder nicht lieben. Liebe ist in erster Linie in unserem Willen verankert. Leider ist das vielen Menschen nicht bewusst.

Die folgende Geschichte habe ich schon mehrfach so oder ähnlich erlebt: Ein wildfremder Mann ruft mich an und bittet mich um einen Termin. Er weiß nicht mehr weiter. Seine Frau war zur Kur, und als sie zurückkommt, sagt sie zu ihm: »Es ist eben passiert, *ich kann nichts dafür*. Ich habe einen anderen Mann kennen gelernt. Ich liebe ihn und werde dich verlassen.«

»Es ist eben passiert!« Bei dieser Aussage entsteht der Eindruck, Liebe wäre ein Gefühl, gegen das man sich nicht wehren kann. Wir kennen das im Negativen aus der Eheseelsorge: »Ich liebe meinen Partner einfach nicht mehr.« Diese Aussage beruht auf eben diesem Missverständnis und ist in einer Konfliktsituation keine Hilfe. Meist wird die Ursache für die ehelichen Schwierigkeiten von den Beteiligten nach außen verlagert. Es läge am Partner oder den äußeren Umständen, kann man dann hören. Schließlich gelangt man zu dem Schluss: »Ich kann meinen Partner nicht mehr lieben.« Aber diese Aussage ist falsch. Sie müsste ehrlicherweise lauten: »Ich *will* meinen Partner nicht mehr lieben.«

Weil Liebe eine Entscheidung ist, kann Gott uns auch auffordern: »Lasst die Liebe euer höchstes Ziel sein!« (1. Korinther 14,1; Hfa). Wahre Liebe zeigt sich gerade dann, wenn es Probleme gibt, wenn die Flitterwochen vorbei sind und wir uns entscheiden zu lieben, obwohl wir nicht mehr die gleichen Gefühle empfinden. Lieben bedeutet, einer Person das zu geben, was sie jetzt braucht, und nicht das, was sie verdient hat. So macht es jedenfalls Gott mit uns. Er gibt uns, was wir wirklich brauchen. Die Bibel nennt das Gnade – Liebe ohne Grund.

Diese Liebe endet bei Gott nicht mit guten Vorsätzen oder Wünschen. Sie ist zur Tat geworden. Er hat nicht nur gute Gedanken über uns gehabt, er ist Mensch geworden, ist für uns gestorben und jetzt für uns da. Jesus hat uns bewiesen, wie sehr Gott uns liebt. Er sagte: »Die größte Liebe beweist jemand, der sein Leben für die Freunde hingibt« (Johannes 15,13; Hfa).

2. Liebe zeigt sich immer im Handeln.

Liebe wird aktiv. Sie zeigt sich in meinem Verhalten. Sie hat offene Augen für den Nächsten, sie hat ein mitfühlendes Herz für die Not des anderen und sie zeigt sich dann in konkretem Handeln. Jakobus schreibt: »Wenn ihr das in die Tat umsetzt, handelt ihr richtig.« Später formuliert er es noch direkter: »Wer aber weiß, was richtig ist, und tut es trotzdem nicht, der wird vor Gott schuldig« (Jakobus 4,17; Hfa).

Wie oft haben wir schon gedacht, dass wir wieder einmal eine bestimmte Person anrufen, dem Nachbarn einen kurzen Besuch abstatten oder jemandem eine kleine Aufmerksamkeit zukommen lassen sollten. Aber meist bleibt es dabei – gute Absichten ohne praktische Konsequenzen. Die Bibel macht deutlich, dass wir Gefahr laufen, uns selbst etwas vorzumachen: »Nun genügt es aber nicht, sein Wort nur anzuhören; ihr müsst auch danach handeln. Alles andere ist Selbstbetrug!« (Jakobus 1,22; Hfa).

6. Tag:
Liebe ist nicht von Gefühlen abhängig

Wenn Sie wollen, dass es nicht nur bei guten Vorsätzen bleibt, wird das Auswirkungen auf Ihre Prioritäten, Ihren Terminkalender und alles andere haben. Manchmal kann es bedeuten, dass Sie den schweren statt den leichten Weg gehen. Es ist Zeit, die entscheidende Frage zu klären: Für wen werden Sie Ihr Leben leben – für sich selbst oder für Gott und für Ihre Mitmenschen? Vielleicht zögern Sie, weil Sie sich fragen, ob Sie es schaffen werden, für Gott zu leben. Machen Sie sich darum keine Sorgen. Gott wird Ihnen das geben, was Sie brauchen, wenn Sie bereit sind, für ihn und Ihren Nächsten zu leben. Er liebt es geradezu, Menschen für das Wichtigste zu befähigen, das es im Leben gibt: Liebe, die die Kraft zur Tat findet.

Bibellese: Jakobus 2,14–17

Fragen zum Nachdenken: Wo werde ich schon seit einiger Zeit immer wieder an einen Menschen erinnert, dem ich etwas Gutes tun sollte, dem ich Liebe schuldig bin? Was kann ich heute tun?

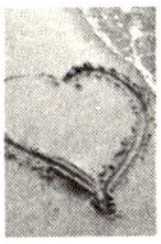

Reisenotizen

7. Tag

Für andere da sein

»Ein jeder sehe nicht auf das Seine, sondern auch auf das, was dem andern dient.«
Philipper 2,4 (LÜ)

Liebe will das Beste für den anderen und gibt ohne Berechnung

Ich habe das Wort »Liebe« einmal in eine Internet-Suchmaschine eingegeben. Diese hat dann innerhalb von nicht einmal zwei Zehntelsekunden über 79 Millionen Dokumente gefunden, in denen von Liebe die Rede ist. Aber wenn man dann einmal näher nachschaut, merkt man, dass die meisten gar nichts mit Liebe zu tun haben, sondern eher mit »Lust« oder »Sex«. Und als ich das Wort »Sex« in die Suchmaschine eingab, wurden mir in den gleichen zwei Zehntelsekunden auf einen Schlag sogar 221 Millionen Websites angezeigt, auf denen es dann wirklich um Sex ging.

Ist das nicht typisch? Wir wissen heute mehr über Sex als über Liebe. Selbst Grundschüler können heute schon viel über Sex erzählen. Aber kaum jemand kann uns sagen, was echte Liebe ist. Nur wenige erleben in ihrem Zuhause echte Beziehungen, so gut wie niemand kann sich die Liebe vorstellen, von der Jesus spricht. Die meisten Schlager und Lieder, die von Liebe handeln, meinen stattdessen »Lust«, ein warmes, sinnliches Gefühl, das kommt und geht. Sie sprechen vom »Bekommen-Wollen« und nicht vom »Geben«. Liebe will Gutes für den anderen; Lust sucht vor allem sich selbst.

Ich erinnere mich noch an eine Phase in meinem Leben, in der manche meiner Kumpel schon eine Freundin hatten. Wenn sie von ihrer Eroberung berichteten oder diese gar vorführten, stellte sich für mich die Frage: »Und wen habe ich?« Wer ab einem bestimmten Alter noch keine Freundin vorweisen kann, gilt schnell als nicht ganz normal.

Dazu kommt, dass jeder Mensch in dieser Altersstufe besondere Gefühle für das andere Geschlecht entwickelt. Woran kann er sich dann orientieren? Ich bekam genau in dieser Zeit ein Buch von Walter Trobisch in die Hand. Es gibt einen Briefwechsel zwischen dem Eheberater Walter Trobisch und François, einem jungen, unverheirateten, afrikanischen Mann wieder, der mit einem Mädchen geschlafen hat. Der junge Mann fragt darin, warum dies vor Gott nicht in Ordnung sei, da er das junge Mädchen doch liebe. Trobisch antwortet darauf: »Nein, mein Lieber. Du hast das Mädchen nicht geliebt; du bist mit ihr ins Bett gegangen – das sind zwei ganz verschiedene Dinge. Du hast ein sexuelles Erlebnis gehabt, aber was Liebe ist, hast du nicht erfahren. Du kannst zwar zu einem Mädchen sagen: ›Ich liebe dich‹, aber was du in Wirklichkeit meinst, ist etwa Folgendes: ›Ich will etwas haben ... Ich benutze dich, um meine Wünsche zu befriedigen. Du bist für mich nur ein Mittel, um mein Ziel zu erreichen. Ich will haben. Ohne Umstände haben. Sofort haben.‹ Das ist das Gegenteil von Liebe. Liebe will geben. Liebe sucht das Glück des anderen, nicht das eigene. Du hast gehandelt wie ein krasser Egoist« (W. Trobisch: »Ich liebte ein Mädchen«; Göttingen: Vandenhoeck & Ruprecht 1968, S. 9).

Was Trobisch hier im Hinblick auf die Sexualität beschreibt, ist auch ein grundsätzliches Problem im Hinblick auf Liebe und Beziehungen. Menschen haben oft mehr sich selbst vor Augen als den anderen. Es kann z. B. sein, dass wir ein besonders großes Geschenk erhalten. Aber dahinter verbirgt sich vielleicht eine ebenso große Erwartung. Jemand möchte möglicherweise von uns etwas zurückhaben und deshalb beschenkt er uns. Das wäre kein Geschenk aus Liebe, sondern Taktik. Aus diesem Grund sind wir bei großen, unerwarteten Geschenken skeptisch, weil wir vermuten, dass daraus eine Abhängigkeit entstehen soll. Der andere hat in Wahrheit mit dem Geschenk nicht mich, sondern sich selbst gemeint. Paulus aber fordert die Philipper auf: »Denkt nicht an euren eigenen Vorteil!« (Philipper 2,4; GN).

Oft sagen Eltern: »Wir haben so viel für unser Kind getan! Was hat es alles von uns bekommen! Und was ist jetzt? Jetzt hat es nicht einmal Zeit für uns!« Diese Menschen haben eines nicht verstanden: Mit Geschenken kann man sich die Liebe eines anderen nicht erkaufen, auch nicht die Liebe der eigenen Kinder! Wer gibt und daran eine Erwartung knüpft, wird enttäuscht werden.

Wir können aus den unterschiedlichsten Motivationen heraus etwas schenken oder geschenkt bekommen. Manches wird uns aus Pflichtgefühl oder Prestigegründen gegeben. Anderes erfolgt eventuell aus einem schlechten Gewissen heraus und soll eine Art Wiedergutmachung darstellen. Dort, wo eher ein klärendes Gespräch angemessen wäre, sollen Beziehungen dann möglicherweise per Geschenk neu geregelt werden. Anderes wird als Belohnung gegeben und ist somit auch kein Geschenk. Und manche Eltern versuchen bisweilen auch ihre Kinder zu erziehen oder, besser gesagt, zu kontrollieren, indem sie sagen: »Wenn du lieb bist, bekommst du auch ...« Sie merken schon: Solche Geschenke wollen den anderen zu etwas verpflichten.

Am schönsten ist es doch, wenn jemand mit seinem Geschenk uns selbst meint. Wenn jemand uns einfach eine Freude machen will. Wenn er uns mit seinem Geschenk zu keiner Gegenleistung verpflichtet. Dies sind befreiende und gleichzeitig herrliche Geschenke.

7. Tag:
Liebe will das Beste für den anderen und gibt ohne Berechnung

Die Bibel macht deutlich, dass Gott sich uns gegenüber auf diese Weise verhält: »Darin besteht die Liebe: nicht, dass wir Gott geliebt haben, sondern dass er uns geliebt hat« (1. Johannes 4,10; LÜ). Gott hatte allein unser Wohl, unser Heil vor Augen. Er hat uns damit seinen Maßstab für Liebe gegeben: Liebe sucht zuerst den anderen und nicht sich selbst.

Bibellese: Apostelgeschichte 20,32–37

Frage zum Nachdenken: Wem könnte ich in den nächsten Tagen mit einem Geschenk eine Freude machen und ihm dadurch zeigen, wie sehr ich ihn schätze – ohne Hintergedanken, ohne Berechnung?

Reisenotizen

8. Tag

Beziehungen beginnen

»Die Liebe ist freundlich.«
1. Korinther 13,4 (Hfa)

Echte Beziehungen beginnen in unserer Einstellung zu anderen

Wir wünschen uns Freunde. Schon im Kindergarten fragen wir einander: »Willst du mein bester Freund sein?« Wenn wir älter werden, wagen wir es nicht mehr, so direkt zu fragen, aber der Wunsch nach tiefer Freundschaft bleibt. Wir sehnen uns nach Menschen, die mit uns gehen, auf die wir uns verlassen können. Aber wie können wir freundschaftliche Beziehungen eingehen und pflegen?

Es mag vielleicht simpel klingen, aber die Antwort ist zum Teil schon in dem Wort »freundlich« enthalten: »Die Liebe ist freundlich« (1. Korinther 13,4; Hfa). Freundschaften können wir nicht »machen«. Sie sind ein Geschenk. Und dort, wo jemand dem anderen freundlich, das heißt offen und liebevoll, begegnet, ist eine Grundlage gegeben, auf der Freundschaften entstehen können. Wer sagt, er habe keine Freunde, der macht mit Sicherheit selbst etwas falsch. Zu schnell denken wir, es läge an den anderen oder an äußeren Umständen, aber der Schlüssel zu echten Beziehungen liegt in jedem von uns selbst.

Jesus beschreibt in dem Gleichnis vom barmherzigen Samariter einen Priester und einen Tempeldiener, die einen Verletzten am Wegesrand liegen sehen: »Zufällig kam ein jüdischer Priester vorbei. Doch als er den Mann dort liegen sah, wechselte er auf die andere Straßenseite und ging vorüber. Dann kam ein Tempeldiener und sah ihn ebenfalls dort liegen; doch auch er ging auf der anderen Straßenseite vorüber« (Lukas 10,31–32; NL). Der Priester war nicht freundlich und offensichtlich auch nicht an näherem Kontakt interessiert. Er wechselte die Straßenseite. Der Tempeldiener blieb zwar auf der gleichen Straßenseite, aber das war für ihn noch lange kein Grund, stehen zu bleiben und sich dem Verletzten zuzuwenden.

Wie viele Menschen leben nach dem Motto: »Lass niemanden zu dicht an dich ran, halte Abstand. Nähe kostet nur Zeit und Mühe. Sieh lieber zu, dass du deine Sachen selbst geregelt bekommst.« Sicher, gegenüber ihren Freunden verhalten sie sich anders – falls sie welche haben. Es ist doch so: Wer sich gegenüber einem Hilfsbedürftigen so ablehnend verhält, liefert damit schon Rückschlüsse auf seine Persönlichkeit! Unfreundliche Menschen sind einsame Menschen.

Mir persönlich fällt es nicht leicht, auf andere zuzugehen. Ich habe durch das Vorbild anderer lernen müssen, wie wichtig der erste Schritt ist. Dieser wird vielleicht durch das eigene Temperament oder die eigene Erziehung etwas schwer gemacht, aber dennoch gilt: Ergreif die Initiative, mach den ersten Schritt.

Echte Beziehungen beginnen oft dort, wo man sich einem anderen wie einem Freund zuwendet. Jesus berichtet weiter: »Dann kam einer der verachteten Samariter vorbei. Als er den Verletzten sah, hatte er Mitleid mit ihm« (Lukas 10,33; Hfa). Ich bin sicher, dieser Samariter legte nicht nur in diesem Fall Mitleid an den Tag, sondern das Mitleid war einer seiner Wesenszüge – und ich bin ebenso sicher, dass er echte Freunde hatte, was ich von dem Priester und dem Leviten nicht glaube.

Wenn wir uns mehr echte Beziehungen wünschen, sollten wir Gott um ein offenes Herz für die Not anderer bitten und weniger unser eigenes Wohlergehen im Blick haben. Der Samariter war dabei sehr großzügig. Als er am nächsten Tag weiterreisen musste, gab er dem Wirt Geld und bat ihn: »Pflege den Mann gesund! Sollte das Geld nicht reichen, werde ich dir den Rest auf meiner Rückreise bezahlen!« (Lukas 10,35; Hfa).

8. Tag:
Echte Beziehungen beginnen in unserer Einstellung zu anderen

Menschen, die für andere ein offenes Herz und ein offenes Ohr haben, werden von vielen geschätzt. Sie haben meist auch ein offenes Haus und offene Hände. Man kommt gern zu ihnen, weil man sich in ihrer Nähe wohl fühlt und ehrlich mit ihnen reden kann. Der griechische Philosoph Xenon formulierte es treffend: »Deswegen haben wir zwei Ohren und einen Mund, damit wir mehr hören und weniger reden.« Jakobus schrieb: »Liebe Freunde, seid schnell bereit zuzuhören, aber lasst euch Zeit, ehe ihr redet« (Jakobus 1,19; NL). Wer sich echte Beziehungen wünscht, sollte sich diese Regel merken.

Freundschaftlicher Rat will helfen, aber nicht beherrschen. Manche Menschen dominieren eine Beziehung und geben ständig gute Ratschläge. Wenn Sie in der Gefahr stehen, zu viel zu reden und zu wenig zuzuhören, habe ich einen guten Rat für Sie: Halten Sie einfach einmal den Mund. Hören Sie zu und lassen Sie den anderen reden! Wer nicht darauf achtet, sollte sich auch nicht wundern, wenn es in seinem Leben keine echte Freundschaft gibt. Paulus macht deutlich: »Die Liebe ist freundlich.« Sie behandelt den anderen wie einen Freund und tritt nicht als sein »Bestimmer« auf. Sie kann den anderen stehen lassen, wie er ist.

Natürlich kann echtes Mitempfinden nicht »gemacht« werden. Es hängt entscheidend von unserer Lebenseinstellung ab, und dazu brauchen wir eine innere Veränderung. Das möchte Jesus anhand des Gleichnisses deutlich machen. Damit wir echte Liebe geben können, müssen wir selbst Gottes Liebe erfahren. Und genau dazu möchten wir Sie während dieser 40 Tage einladen. Nehmen Sie die Liebe Gottes an und lassen Sie durch sie Ihr Leben verändern. Wenn Sie Gott aufrichtig darum bitten, wird Jesus Christus in Ihr Leben einziehen. Damit beginnt ein lebenslanger Prozess der Veränderung, durch den Gott und auch andere Menschen unsere Freunde werden.

Bibellese: Sprüche 17,17; 21,13–15; 22,9–11; 28,27

Fragen zum Nachdenken: Gibt es in meinem Leben immer wieder Situationen, in denen ich Menschen in ihrer Not bewusst nicht wahrnehme, weil mir meine Ruhe lieber ist als tief gehende Beziehungen? Wenn ja, möchte ich, dass sich daran etwas ändert?

Reisenotizen

9. Tag

Beziehungen – so verschieden wie das Leben

»Einer trage des andern Last,
so werdet ihr das Gesetz Christi erfüllen.«
Galater 6,2 (LÜ)

Ohne Ausgewogenheit in unseren Beziehungen scheitern wir

Wir können die unterschiedlichen Arten von Beziehungen in unserem Leben in drei Gruppen einordnen.

1. Beziehungen, die uns Kraft geben

Es gibt in unserem Leben Menschen, von denen wir innerlich profitieren, wenn wir mit ihnen zusammen sind. Solche Begegnungen sind Momente, in denen unser seelischer Akku wieder aufladen kann. Hier können wir die Seele baumeln lassen. Auf solche »Termine« freuen wir uns und nehmen sie gerne wahr. Die Zeit vergeht wie im Flug.

Solche Beziehungen haben wir vor allem zu unseren Freunden. Sie bestimmen in hohem Maß unsere Lebensqualität. Ob wir jung sind oder alt, gute Freunde sind wichtig und tragen erheblich zu einer besseren Lebensqualität bei. Solche Beziehungen sind ein Geschenk und doch müssen wir etwas dafür tun.

2. Beziehungen, die uns weder Kraft geben noch Kraft kosten

Die Beziehung zu anderen Menschen ist durch ein gegenseitiges Geben und Nehmen gekennzeichnet. Meist geht es im Umgang miteinander um rein sachliche Dinge. Diese Art von Beziehungen gehören zu unserem beruflichen Leben, unserem nachbarschaftlichen und gemeindlichen Miteinander oder zu den vielen alltäglichen Kontakten beim Arztbesuch oder beim Einkaufen. Das Miteinander in der Gesellschaft besteht in erster Linie aus solchen Kontakten. Sie sind ein erheblicher Bestandteil unseres Lebens.

3. Beziehungen, die uns Kraft kosten

Zur dritten Gruppe gehören die Beziehungen, die uns Kraft kosten und in denen wir die Gebenden sind. In diesem Bereich gilt Jesu Gebot christlicher Nächstenliebe vor allem und hier finden wir Beispiele für aufopfernde Liebe. Aber wir müssen uns bewusst sein, dass solche Beziehungen nicht auf gegenseitiger Sympathie beruhen, sondern dass es da jemanden gibt, der uns braucht oder meint, uns zu brauchen. In solchen Beziehungen werden wir gefordert, manchmal in einer Weise, die über unsere Kräfte hinausgeht. Kein Wunder, dass wir nach Möglichkeiten suchen, diesen »lieben Menschen« aus dem Weg zu gehen.

9. Tag:
Ohne Ausgewogenheit in unseren Beziehungen scheitern wir

Ich denke, es ist wichtig, dass sich die Anteile dieser drei verschiedenartigen Beziehungen in unserem Leben im Gleichgewicht befinden.

Wer immer nur gibt, wird irgendwann ausbrennen. Wenn das Ihr Problem ist, werden Sie unter Umständen irgendwann merken, dass Sie selbst niemanden haben, der wirklich für Sie da ist, obwohl Sie doch für alle anderen da sind. Sie haben sich einfach zu wenig Zeit genommen, um echte Beziehungen aufzubauen, in denen die Partner wirklich aneinander Anteil nehmen.

Wer im Gegensatz dazu immer nur nimmt und die anderen ständig seelisch und physisch fordert, der wird kein echtes Miteinander aufbauen können. Sie möchten gern, dass andere Menschen Ihre Freunde werden, aber das klappt nicht? Wundert Sie das? Wie sollen diese Personen Ihre Freunde werden, wenn Sie sie nur als Helfer benutzen? Worum geht es Ihnen eigentlich? Das Einklagen ständiger Aufmerksamkeit kann niemals Grundlage einer Freundschaft sein.

Und schließlich: Wessen Beziehungen sich fast ausschließlich auf der sachlichen Ebene bewegen, der wird sehr einsam werden, wenn er seine früheren Tätigkeiten nicht mehr ausüben kann oder in den Ruhestand geht. Mehrfach haben Geschäftsleute in Gesprächen mit mir darüber geklagt, wie schnell sie von allen vergessen wurden, sobald sie nicht mehr in der Firma auftauchten. Auch Menschen, die in einer Gemeinde sehr aktiv waren und nun auf Grund ihres Alters nicht mehr mitarbeiten können, sagen manchmal, dass sie sich trotz vieler Mitchristen in ihrem Umfeld einsam fühlen.

Woran liegt das? Nun, ich möchte zwei Gründe nennen: Erstens kann es sein, dass sie selbst während ihrer aktiven Zeit Männer und Frauen in ihrem Beruf oder in ihrer Gemeinde stark in ihrer Funktion, aber nicht als Person gesehen haben. Wenn sie jemanden für eine Aufgabe brauchten, haben sie ihn angerufen. Wenn etwas Geschäftliches zu regeln war, haben sie miteinander gesprochen. Aber sie haben sie vielleicht niemals danach erkundigt, wie es ihrem Gegenüber als Mensch, als Person erging. Ist es da ein Wunder, wenn niemand nach ihnen fragt, sobald sie keine Funktion mehr wahrnehmen? Man selbst wird jetzt ebenso »einsortiert«, wie man es selbst zuvor getan hat – nach dem Nutzen.

Drastisch, aber das kann durchaus geschehen! Wie tief gehend sind Ihre Beziehungen zu anderen Menschen? Freundschaft hat immer etwas mit Liebe zu tun und bemüht sich um seiner selbst willen um den anderen!

Der zweite Grund, warum Menschen einsam bleiben, ist: Sie können sich selbst nur ganz schwer für andere öffnen. Das Gespräch bleibt meist an der Oberfläche. Sie teilen nur wenig von dem mit, was sie wirklich innerlich bewegt. Wer aber niemanden an sich heranlässt, wird auf Dauer einsam bleiben.

In dem Brief an die Galater zeigt uns Paulus einen anderen Weg auf: Er fordert uns auf, uns gegenseitig Lasten abzunehmen. Nicht einer soll alles tragen. Ebenso soll niemand die anderen nur für sich benutzen. Gegenseitige Anteilnahme ist die unverzichtbare Bedingung einer echten Beziehung. Wenn man den Kontext genauer liest, merkt man, dass Paulus von der Last des Versagt-Habens spricht. Der andere ist schuldig geworden, und nun gilt es, ihm dabei zu helfen, sein Leben bzw. eine Situation wieder in den Griff zu bekommen. Aber auch hier handelt es sich im Idealfall um ein Geben und Nehmen, wenn nämlich ich den anderen brauche, weil ich einen Fehler begangen habe.

Wir brauchen einander, und deshalb lassen wir zu, dass unsere Beziehung Tiefe bekommt. Das geht aber nur, wenn wir uns öffnen und unser Herz beteiligt ist.

Bibellese: Galater 6,1–10

Fragen zum Nachdenken: Schon morgen können Sie auf echte Freunde angewiesen sein. Wer besucht Sie, wenn Sie krank sind und niemandem etwas »nützen«? Wer wartet auf Ihren Besuch?

Reisenotizen

10. Tag

Hören will gelernt sein

»Ein hörendes Ohr und ein sehendes Auge, die macht beide der Herr.«
Sprüche 20,12 (LÜ)

Zuhören kostet Arbeit und Anteilnahme

Viele Gespräche laufen nach der »Sprungbrett-Methode« ab: Jemand erzählt etwas, das ihn beschäftigt. Ein anderer hört zu und muss dabei an eine Situation denken, die er selbst erlebt hat oder über die er etwas weiß. Das ist sein Anknüpfungspunkt, sein »Sprungbrett«. Sobald die erste Person etwas tiefer Luft holt, beginnt er seine Geschichte zu erzählen, und dabei führt er das Gespräch in ganz andere Bahnen. Jetzt wartet die erste Person auf ihr »Sprungbrett«, um doch noch das loszuwerden, was sie beschäftigt hat.

Wenn wir ehrlich sind, müssen wir zugeben, dass wir unserem Gesprächspartner meist immer nur eine gewisse Zeit lang zuhören. Sobald wir etwas sagen wollen, warten wir eigentlich nur noch ab, um endlich loslegen zu können. Dabei übersehen wir, dass der andere uns leider auch nur eine kurze Zeit wirklich zuhört, weil er, wie wir, mit den Gedanken schon wieder bei seinem eigentlichen Thema ist.

Wie selten kommt es da zu Gesprächen, in denen man wirklich auf den anderen hört und aufeinander eingeht. Da geht es dann nicht nur um ein mehr oder weniger interessantes Thema, sondern mein Gesprächspartner interessiert mich wirklich. Ich hake nach, das Gesagte wird durch ernsthafte Fragen vertieft. Mein Gegenüber spürt, dass ich mich für ihn und das, was ihn beschäftigt, interessiere. Es macht ihm Freude, mehr zu erzählen, weil da jemand echte Anteilnahme zeigt.

Eine solche Form des Zuhörens brauchen wir in den Hauskreisen und Kleingruppen. Sie sind die Zellen der Gemeinschaft in einer Gemeinde. In ihnen geht es nicht nur um ein wenig Smalltalk, sondern um echtes

Interesse aneinander. Das geht jedoch nicht ohne wirkliches Zuhören. Leider verlaufen aber auch hier viele Gespräche nach der »Sprungbrett-Methode«. Und weil viele gleichzeitig zuhören und fast alle etwas aus ihrer Sicht dazu sagen wollen, geht schnell der Gesprächsfaden verloren. Das Anliegen des Einzelnen geht unter. Er fühlt sich zu Recht nicht ernst genommen.

Ich weiß allerdings auch, dass es Situationen gibt, in denen jemand zu viel erzählt. Etwa fünf Prozent der Menschen, mit denen wir zu tun haben – Sie gehören hoffentlich nicht dazu –, können andere fast ohne Punkt und Komma in Grund und Boden reden. Solche Personen brauchen keine Zuhörer, sondern im Gegenteil einen kleinen Stoß, der ihnen deutlich macht: »Wenn du in einem Gespräch, das eine Stunde dauert, selbst mehr als 45 Minuten sprichst, dann läuft etwas schief.« Als goldene Regel gilt: Wenn jemand fünf bis zehn Minuten geredet hat und sein Gegenüber ganz still ist, hat er schon zu lange und zu viel gesprochen. Und sein Problem ist dann nicht nur das Zuhören-Können, sondern auch das Schweigen-Können.

Wir wünschen uns alle offene, tief gehende Gespräche, aber uns muss auch bewusst sein: Jemand, der sich öffnet und Einblick in sein Innerstes gibt, wünscht sich echte Zuhörer. Und je offener man erzählt, desto verletzlicher macht man sich dabei. Wer etwas gesagt hat, das ihm nicht leicht fiel, der will ernst genommen werden. Er möchte nicht nur die Vorlage für das neue Thema eines anderen geliefert haben. Beobachten Sie einmal Gruppengespräche, und achten Sie darauf, wie man zuhört! Wird der Redende bewusst angeschaut, wird nachgefragt, nehmen die Zuhörer Anteil an seinem Ergehen? Machen wir es ruhig noch ein wenig konkreter: Wie hören Sie selbst anderen zu?

Die Bibel weist darauf hin, dass Gott uns zu echter Anteilnahme befähigt: »Ein hörendes Ohr und ein sehendes Auge, die macht beide der Herr« (Sprüche 20,12; LÜ). Dieser Vers macht deutlich, dass wir wohl eher zum oberflächlichen Zuhören neigen. Wir sind eher auf uns als auf den anderen ausgerichtet. Aber Gott geht es um mehr als nur um ein wenig oberflächliches Geplänkel. Er möchte, dass wir den anderen wahrnehmen, so wie er ist. Das wird in einer modernen Übersetzung des Verses noch deutlicher: »Gott hat uns Augen gegeben, um zu sehen, und Ohren, um zu hören« (Sprüche 20,12; Hfa).

Auch mir ist es schon einige Male passiert, dass jemand nach einem Gespräch fragte: »Hast du auch gemerkt, dass es N. gar nicht gut ging?« Ich musste dann oft antworten: »Nein, mir ist nichts aufgefallen.« Vielleicht lag es einfach daran, dass ich nicht den Blick dafür hatte. Meine

Gedanken waren nicht wirklich bei dem, was mir mein Gegenüber erzählte. Ich habe ihn nicht ernst genommen, sondern zugelassen, dass meine Gedanken ganz woanders waren.

Wie gut, dass wir nicht sehen können, was in den Köpfen derer vorgeht, mit den wir uns unterhalten. Ich glaube nicht, dass wir das ertragen könnten. Ich frage mich immer wieder, was die Menschen denken, die am Sonntagmorgen im Gottesdienst sitzen und meine Predigt hören. Wo sind sie mit ihren Gedanken?

10. Tag:
Zuhören kostet Arbeit und Anteilnahme

Von einem Pastor des 20. Jahrhunderts soll der folgende Vers stammen: »Wenn jeder hätt' in seiner Stirn aus Glas ein blankes Fensterlein, dahinter die Gedanken schwirrn, dass jeder könnte sehn hinein. Was gäb das für ein eilig Laufen, um matte Scheiben einzukaufen.«

Wir alle sind in der Lage (und tun dies auch), ganz interessiert zu schauen, dabei innerlich aber ganz woanders zu sein. Von den Computern haben wir dieses »Multitasking« gelernt, das heißt, wir können mehrere Aufgaben gleichzeitig erledigen. Doch genau hier liegt die Gefahr: Dadurch fällt es uns immer schwerer, eine Sache wirklich konzentriert zu verfolgen.

Der Glaube kommt aus der Predigt, heißt es im Wort Gottes (Römer 10,17; LÜ). Wörtlich schreibt Paulus: »Aus dem Gehörten«. So wie unsere Beziehung zu Gott durch das Zuhören beginnt, so ist auch in unseren menschlichen Beziehungen das Zuhören von großer Bedeutung. Wer nicht zuhören kann, wird kaum echte Beziehungen leben können.

Bibellese: Matthäus 13,18–23

Fragen zum Nachdenken: Höre ich anderen bewusst zu? Muss ich in diesem Bereich etwas verändern?

Reisenotizen

11. Tag
Wertschätzung im Alltag

»Alles nun, was ihr wollt, dass euch die Leute tun sollen, das tut ihnen auch!«
Matthäus 7,12 (LÜ)

Wer Großes erreichen will, muss im Kleinen beginnen

Jesus verstand es, komplizierte Dinge so einfach auszudrücken, dass jeder sie verstand. Er tat dies beispielsweise in der Bergpredigt: »Alles nun, was ihr wollt, dass euch die Leute tun sollen, das tut ihnen auch!« (Matthäus 7,12; LÜ). Es ist ein Grundsatz, den sich jeder merken und an dem er seinen Alltag ausrichten kann (er wurde später die »Goldene Regel« genannt). Damit ist gemeint: Wer sein Leben nach dieser Regel ausrichtet, wird genau das Richtige tun. Jesus sagt sinngemäß: »Versetze dich in die Situation deines Nächsten und stelle dir die Frage: Wenn ich in der Lage des anderen wäre, was würde ich mir dann wünschen?«

Jesus hat damit das alttestamentliche Gebot der Nächstenliebe umformuliert. Im Deutschen wurde daraus das Sprichwort: »Was du nicht willst, das man dir tu, das füg auch keinem anderen zu.« Aber das ist eine negative Formulierung und greift einfach zu kurz. Jesus will nicht nur Ungutes verhindern, sondern er fordert uns auf, Gutes zu tun: »Alles nun, was ihr wollt, das euch die Leute tun sollen, das tut ihnen auch.«

Wir neigen dazu, bei einem solchen Bibelvers an besondere Situationen zu denken. Beispiele für die außergewöhnliche Hingabe berühmter Missionare fallen uns ein, Mutter Teresa kommt uns in den Sinn. Oder wir denken an die klassischen Liebesfilme aus der Traumfabrik Hollywood, wenn Julia Roberts flüstert: »Ich bin auch nur ein einfaches Mädchen« oder Kate Winslet in die Arme von Leonardo diCaprio sinkt, bevor die *Titanic* untergeht. Dabei hat echte Liebe viel mehr mit den Kleinigkeiten unseres Alltags als mit den außerordentlichen und seltenen Momenten des Lebens zu tun. Das Alltägliche bestimmt unseren Alltag. Hier ist unsere Liebe, die Wertschätzung des anderen gefordert.

In Beersheva (Israel) wurde vor einigen Jahren ein Mann von einem Richter dazu verurteilt, seiner Ehefrau einen Monat lang täglich Blumen zu schenken. Nach Ansicht des Richters sollte auf diese Weise ein Ehestreit zwischen den seit neun Jahren verheirateten Eheleuten beigelegt werden. Die Frau hatte ihrem Mann vorgeworfen, dass er sie geschlagen habe. Der Richter riet dem Paar, es noch einmal zu versuchen, und verurteilte den Mann zu den täglichen Blumengeschenken.

Mir ist nicht bekannt, ob das dazu beigetragen hat, die Ehekrise beizulegen, aber ich bezweifle es. Konflikte löst man nicht durch Verordnungen nach dem Motto: »Vertragt euch wieder!« Man braucht meist viele Gespräche, um die wirklichen Ursachen eines solchen Streites, und noch mehr Zeit, um eine Lösung zu finden. Aber es wäre sicherlich eine Hilfe gewesen, wenn dieser Ehemann schon früher gemerkt hätte, wie wichtig Wertschätzung im Alltag ist.

In Abwandlung eines englischen Sprichwortes könnte man sagen: »A daisy a day keeps the doctor away.« (Ein Gänseblümchen pro Tag und man braucht keinen Arzt!) Vieles, das Menschen in die Praxen der Ärzte führt, ist nicht auf körperliche, sondern auf seelische Probleme zurückzuführen. Die Arztbesuche werden deutlich weniger, wenn Menschen im Alltag hin und wieder ein »Gänseblümchen«, das heißt etwas Wertschätzung, erhalten. Einsamkeit und Nichtbeachtung machen krank.

Für die Ehe heißt das: Es muss kein teurer Blumenstrauß sein, eine kleine Aufmerksamkeit genügt! Ein gutes Wort, ein liebevoller Blick, eine kurze Umarmung machen einen grauen Alltag einen Augenblick lang etwas bunter. Ein Dankeschön nach dem Essen oder die Frage: »Was möchtest du heute gern im Fernsehen anschauen?«, können Liebe signalisieren. Kindern bedeutet es viel, wenn ihnen ihre Eltern bewundernd zuschauen und Anerkennung ausdrücken, während sie ihnen etwas zeigen. Freunde werden sich über ein paar Zeilen freuen, die wir ihnen schreiben. Anderen Menschen zeigt ein kurzer Anruf unsere Wertschätzung. Wir haben sicher nicht jeden Tag Zeit für jede dieser Aufmerksamkeiten, aber jeder Tag gibt Raum für eine kleine Aufmerksamkeit.

Es gibt einen guten Spruch für Singles, die nach einem Partner suchen, aber in der Gefahr stehen, resigniert aufzugeben, weil sie den Richtigen noch immer nicht gefunden haben: »Für die ganze Welt bist du nur irgendjemand, aber für irgendjemanden bist du die ganze Welt.« Das ist sicherlich ein wenig idealistisch ausgedrückt, aber es spiegelt die Sehnsucht wider, die in jedem von uns wohnt. Wir alle möchten die Erfahrung machen, dass wir anderen etwas bedeuten, von anderen wertgeschätzt werden. Genau hier knüpft die Aufforderung Jesu an: »Alles nun, was ihr wollt, das euch die Leute tun sollen, das tut ihnen auch.«

11. Tag:
Wer Großes erreichen will, muss im Kleinen beginnen

Jesus verurteilt uns nicht zu täglichen Blumensträußen oder irgendwelchen guten Taten. Weil wir jeden Tag von der Liebe Gottes leben, können wir diese Liebe auch weitergeben. Und das ist noch nicht alles: »Ihr seid meine Freunde« (Johannes 15,15; Hfa). Rick Warren schreibt dazu: »Das Wort ›Freund‹ meint hier eine ganz enge Beziehung. Das gleiche Wort wird verwendet, um einen Trauzeugen (also den besten Freund des Mannes) oder den engsten Beraterkreis eines Königs zu bezeichnen. In einem königlichen Palast mussten die Diener einen Mindestabstand zum König einhalten, aber die Freunde und vertrauten Berater durften nahe an ihn herantreten« (Rick Warren: »Leben mit Vision«. Asslar: Gerth Medien 2003, S. 84).

Weil wir jeden Tag von der Liebe Gottes leben, können wir Liebe weitergeben. Wer Gottes Freund ist, kann anderen im Alltag Freundlichkeit schenken. So einfach bringt es Jesus für uns auf den Punkt.

Bibellese: Johannes 15,12–17

Frage zum Nachdenken: Welche kleine, aber besondere Aufmerksamkeit könnte ich heute jemandem schenken?

Reisenotizen

12. Tag

Außerordentliche Liebe

»Ihr habt gehört, dass gesagt ist: ›Du sollst deinen Nächsten lieben‹ und deinen Feind hassen. Ich aber sage euch: Liebt eure Feinde und bittet für die, die euch verfolgen.«
Matthäus 5,43–44 (LÜ)

Sie selbst entscheiden darüber, wie nahe Sie Gott sind

Wenn es einen Ausspruch Jesu gibt, der vielen Menschen bekannt ist, dann ist es ein Satz aus der Bergpredigt: »Liebet eure Feinde.« Die Jünger waren noch nicht lange mit Jesus unterwegs, als sie mit diesem Gebot in die Pflicht genommen wurden. Als Juden war ihnen das Gebot der Nächstenliebe bekannt, aber Jesus verschärfte es auf dramatische Weise, indem er ihnen deutlich machte: »Auch dein Feind ist dein Nächster! Ihm soll deine Liebe ebenso gelten wie deinen Freunden.«

Die Bergpredigt ist im Grunde die »Regierungserklärung« Jesu. In ihr zeigt Jesus, was Gott will und für uns wichtig ist. Wenn wir wissen wollen, wie Christen leben sollen, dann brauchen wir nur die Bergpredigt zu lesen. Matthäusevangelium, Kapitel 5 bis 7 – drei Kapitel, die sich schnell lesen lassen, deren Umsetzung uns aber ein Leben lang herausfordert. Dabei ist das Gebot der Feindesliebe sicherlich die wohl größte Herausforderung.

Im Unterschied zu vielen anderen Regierungserklärungen forderte Jesus nicht nur etwas, sondern er lebte es auch. Als er sein Leben am Kreuz für die Menschen opferte, betete er im Todesschmerz auch für seine Feinde: »Vater, vergib ihnen; denn sie wissen nicht, was sie tun!« Zu seiner Rechten und Linken wurden zwei Mörder hingerichtet, die sich zunächst über Jesus lustig machten. Doch nach einer Weile wurde der eine der beiden nachdenklich, war tief beeindruckt von der Reaktion Jesu und seiner spürbaren Liebe zu den Menschen, ja, selbst zu seinen Henkern.

Die Todesstunde Jesu wurde zur Sternstunde für einen der beiden Verbrecher. Er bat Jesus: »Bitte denke an mich, wenn du in dein Reich kommst!« Im selben Augenblick erfuhr er die ganze Liebe Jesu: »Heute noch wirst du mit mir im Paradies sein!« (Lukas 23,42–43; LÜ). Diese Liebe spürte auch der Hauptmann, der die Verantwortung für die Kreuzigung trug und schließlich bekannte: »Wahrlich, dieser Mensch ist Gottes Sohn gewesen!« (Markus 15,39; LÜ).

Christen werden nie so lieben können wie Jesus. Wir sind Menschen und leiden an einer gefallenen Welt. Wir machen Fehler, versagen und verletzen die Liebe. Das Gebot der Liebe ist eine ständige Herausforderung für uns.

Aber die Nachfolge Jesu zeigt Wirkung! Der Heilige Geist verändert uns. Durch seine Kraft sind Menschen in der Lage, auch ihre Feinde zu lieben.

Ein Beispiel finden wir im Neuen Testament, und zwar in der Apostelgeschichte. Stephanus, Diakon und Prediger der frühen Gemeinde, wurde verhaftet, zum Tode verurteilt und gesteinigt. Noch kurz vor seinem Tod betete er für seine Henker: »Herr, rechne ihnen diese Sünde nicht an!« (Apostelgeschichte 7,60; LÜ). Stephanus war der erste christliche Märtyrer, und er ist in der Berichterstattung der erste Christ, der von Jesus zu einer solchen Feindesliebe befähigt wurde.

In den nachfolgenden Jahrhunderten hat es immer wieder eindrückliche Beispiele christlicher Feindesliebe gegeben, so als wolle Gott uns dadurch sagen: »Ich kann Menschen verändern, aber *willst* du dich von mir auch verändern lassen?«

Franz von Assisi war ein solches Beispiel für außerordentliche Liebe. Er hat ein Gebet formuliert, das lange Zeit an der Tür meines Zimmers hing. Ich wollte mich auf diese Weise an das Gebot der Liebe erinnern lassen und habe es oft gebetet, was mir geholfen hat, mich an den wichtigsten Auftrag zu erinnern, den Jesus uns gegeben hat. Vielleicht machen Sie es auch zu Ihrem Gebet:

»O Herr, mache mich zu einem Werkzeug deines Friedens,
dass ich Liebe übe, wo man sich hasst,
dass ich verzeihe, wo man sich beleidigt,
dass ich verbinde, da, wo Streit ist,
dass ich die Wahrheit sage, wo der Irrtum herrscht,
dass ich den Glauben bringe, wo der Zweifel drückt,
dass ich die Hoffnung wecke, wo Verzweiflung quält,
dass ich ein Licht anzünde, wo die Finsternis regiert,

dass ich Freude mache, wo der Kummer wohnt.
Herr, lass du mich trachten:
nicht, dass ich getröstet werde, sondern dass ich tröste;
nicht, dass ich verstanden werde, sondern dass ich verstehe;
nicht, dass ich geliebt werde, sondern dass ich liebe.
Denn wer da hingibt, der empfängt;
wer sich selbst vergisst, der findet;
wer verzeiht, dem wird verziehen;
und wer stirbt, erwacht zum ewigen Leben.«

Aber aufgepasst: Das Gebot der Liebe bezieht sich auf alle Menschen, nicht nur auf unsere Feinde! In unserem Alltag sind es weniger die Feinde, die uns herausfordern, als vielmehr die ganz normalen Begegnungen. Nicht alle Tage begegnen wir dem unter die Räuber geratenen Menschen, wie in der Geschichte vom barmherzigen Samariter, der unsere außerordentliche Liebe fordert.

Es sind vielmehr unsere Kinder, die unsere Nerven bis zum Äußersten strapazieren können. Es kann unser Ehepartner sein, dessen kleine Eigenheiten das Miteinander manchmal erschweren. Die Pflege der alt gewordenen Eltern fordert uns. Es kann der berufliche und der nachbarschaftliche Kontakt sein, bei dem uns »die Galle hochkommt«. Jesus fordert uns auf, dass diese außerordentliche Liebe all diese Kontakte bestimmt, die er selbst zu uns hat und die er in uns wohnen lassen möchte.

12. Tag:
Sie selbst entscheiden darüber, wie nahe Sie Gott sind

Bibellese: Apostelgeschichte 7,54–60

Fragen zum Nachdenken: Wo bin ich zu außerordentlicher Liebe herausgefordert? Habe ich diese Liebe mit der Hilfe Jesu in schwierigen Situationen gelebt und wie hat Jesus mir dabei geholfen?

Reisenotizen

13. Tag

Offenheit

»Die Gläubigen waren ein Herz und eine Seele;
sie betrachteten ihren Besitz nicht als ihr persönliches Eigentum
und teilten alles, was sie hatten, miteinander.«
Apostelgeschichte 4,32 (NL)

Offenheit fängt bei mir selbst an

Es war mein erster christlicher Kongress. Ich war erst vor kurzem zum Glauben gekommen und wollte mich nun mit vielen anderen jungen Gläubigen für einen Missionseinsatz schulen lassen. Die Veranstaltung fand im Ausland statt und ich reiste allein an. Ich versuchte, mich bei den verschiedenen Schaltern durchzufragen, um herauszufinden, wo meine Anmeldung vorlag. Ständig strömten neue Gäste in die Halle, die sich alle zu kennen schienen. Man fiel sich um den Hals, lachte und unterhielt sich angeregt miteinander. Nur mir fiel niemand um den Hals, und es fragte mich auch niemand, ob er mir helfen könne. Plötzlich kam ich mir inmitten der zahllosen anderen Christen ziemlich allein vor. Meine Stimmung war in diesem Augenblick am Nullpunkt angelangt. Einen kurzen Augenblick lang dachte ich: *Du solltest am besten wieder nach Hause fahren. Die hier brauchen dich offenbar nicht und interessieren sich auch gar nicht für dich.*

Ist es Ihnen schon einmal ähnlich ergangen? Sie befanden sich in einer großen Gruppe Menschen und fühlten Sie sich dennoch ziemlich alleine? Haben Sie einmal in einem Krankenhaus, in einem Büro oder in einer Behörde Hilfe gesucht, aber alle Angestellten waren so intensiv mit sich selbst beschäftigt und würdigten Sie keines Blickes, dass Sie eigentlich niemanden hatten, den Sie um Rat fragen konnten? Ist es nicht eigenartig, welche negativen Gedanken man in solchen Augenblicken hat? Dabei könnte ein Gespräch alles verändern. Es müsste nur ein Mensch auf uns zukommen und sich für uns interessieren, und schon sähe die Welt ganz anders aus.

Es braucht zunächst nicht viel, um anderen Menschen Anteilnahme zu signalisieren. Es genügt ein kurzer Blick in meine Umgebung, um zu erkennen, ob jemand meine Hilfe braucht. Es reichen oft ein paar Worte, um dem anderen mein Interesse an seinem Ergehen zu signalisieren. Ein Händedruck und die bewusste Wahrnehmung eines anderen Menschen bewirken meist mehr, als wir denken. So beginnt das Offensein füreinander, folgen müssen weitere Schritte.

Als vor einiger Zeit jemand klagte: »Es ist schwer, in eure Gemeinde reinzukommen«, da meinte er nicht unsere Eingangstür. Er sprach auch nicht vom Küster oder den Mitarbeitern vom Begrüßungsteam. Er meinte auch nicht den ersten Kontakt, den man vor oder nach dem Gottesdienst mit einem anderen Gemeindeglied haben kann. Er dachte an den nächsten Schritt.

Was geschieht, wenn der erste Kontakt erfolgt ist? Nicht selten kommen neue Leute schon eine ganze Weile in die Gemeinde, ohne das Gefühl zu haben, wirklich dazuzugehören. Ihnen fällt es schwer, sich in der Gemeinde richtig zu Hause zu fühlen.

Lukas beschreibt die erste Gemeinde in Jerusalem mit den Worten: »Die Gläubigen waren ein Herz und eine Seele« (Apostelgeschichte 4,32; NL). Sie waren genau das, nach dem wir uns alle sehnen: eine Gemeinschaft, die einen durch Höhen und Tiefen begleitet und in der man alles teilen kann. Die ersten Christen verkauften sogar ihren Besitz, um denen in der Gemeinde zu helfen, die schlechter gestellt und in Not waren. Damit war der Satz außer Kraft gesetzt, der besagt: Beim Geld hört die Freundschaft auf. Auch wenn dies nach einem Sonderfall klingen mag – Jesus wünscht sich, dass dieser Zustand für jede Gemeinde der Normalfall ist. Es ist nicht nur ein idealisiertes Ziel, sondern unser großer Gott kann Menschen so verändern, dass sie solche echten Beziehungen leben.

Dass es möglich wird, hängt von Ihnen und von mir, von jedem einzelnen Christen und der Qualität seiner Nachfolge ab. So wichtig die Bereitschaft zu verbindlicher Gemeinschaft bei den anderen ist, so wichtig ist meine Bereitschaft, anderen Menschen offen und in Anteilnahme zu begegnen. Das ist Geben und Nehmen. Die Bibel weist darauf hin, dass wir ernten, was wir säen. Wer für andere offen ist, der wird Offenheit ernten. Wer für andere da ist, der macht die Erfahrung, dass andere auch für ihn da sind.

13. Tag: *Offenheit fängt bei mir selbst an*

Es hilft wenig, Missstände zu beklagen. Es gibt in unseren Gemeinden genügend Personen, die deutlich sagen können, was nicht funktioniert, aber wir haben oft zu wenige Menschen, die durch ihren positiven Beitrag die verbindliche fröhliche Gemeinschaft fördern. Das gilt sowohl für den großen Kreis der Gesamtgemeinde als auch für das Miteinander im Hauskreis.

Während der Aktion »40 Tage – Liebe in Aktion« wollen wir alle Hauskreise für Menschen öffnen, die auch gerne Anschluss an einen solchen Kreis bekommen möchten. Und manchmal fällt das allen Beteiligten gar nicht so leicht. Während der »40 Tage« soll es eine Einladungsaktion geben, in der jeder jemanden aus der Gemeinde einlädt, zu dem er gewöhnlich nicht viel Kontakt hat. Sie werden merken, dass Ihnen dies vielleicht gar nicht so leicht fällt und dass Ihnen schlagartig eine Menge Gründe einfallen, warum eine solche Einladung im Moment nicht möglich ist: »Nicht jetzt, ich habe einfach keine Zeit!«, oder: »Wir kennen die Leute doch gar nicht richtig ...«

Ganz schnell wird deutlich: Füreinander offen zu sein, Zeit zu haben, verbindliche Gemeinschaft zu leben – das fällt uns bestimmt nicht leicht. Ganz anders stellt sich die Situation dar, wenn wir selbst Gegenstand der Fürsorge sind. Tut es uns nicht gut, wenn man uns so großzügig und verbindlich begegnet und uns zu einem feinen Essen, einem gemütlichen Abend einlädt? Mit Sicherheit sagen wir gerne ja zu einer solchen Geste.

Ich möchte Ihnen Mut machen, sich in diesen Tagen für den anderen zu öffnen und den ersten Schritt auf ihn zuzugehen. Sie könnten folgendes Gebet sprechen: »Herr Jesus Christus, ich will heute für den einen Menschen offen sein, der mich braucht und dem du heute durch eine kleine Aufmerksamkeit zeigen willst, dass du ihn liebst.«

Bibellese: Apostelgeschichte 4,32–37

Fragen zum Nachdenken: Die Gemeinde ist ein Geschenk Gottes, das wir gar nicht hoch genug schätzen können. Wie kann ich mit dazu beitragen, dass andere Menschen dies auch entdecken? Wie kann ich mithelfen, dass sie die Gemeinde als ihr Zuhause erleben?

Reisenotizen

14. Tag

Wer liebt, hat Zeit

»Jetzt soll Epaphroditus so schnell wie möglich zu euch zurückkehren. Ihr sollt ihn gesund wieder sehen und euch über ihn freuen.«
Philipper 2,28 (Hfa)

Wir erkennen an der Zeit, die wir uns für etwas nehmen, wer und was uns wichtig ist

In einer Hinsicht gleichen sich alle Menschen: Für jeden hat der Tag 24 Stunden, das heißt 1.440 Minuten bzw. 86.400 Sekunden. Egal, ob wir Bundeskanzler oder einfacher Bürger sind, ob Unternehmensleiter oder Lehrling, ob wir einen großen oder nur kleinen Einfluss haben – für niemanden ist deswegen ein Tag auch nur eine Sekunde länger. Jeder muss damit auskommen und gleichzeitig den Tag so füllen, wie er es für richtig hält.

Wie schnell sagen wir: »Ich habe keine Zeit.« Aber genau genommen stimmt das nicht. Uns steht allen die gleiche Zeitspanne zur Verfügung. Ehrlicherweise müssten wir sagen: »Ich habe jetzt keine Zeit für dich oder für diese bestimmte Sache.« Es ist eine Frage der Prioritäten, der Schwerpunkte, die wir in unserem Leben setzen. Und je nachdem, wie wir diese setzen, kann es sicherlich so sein, dass für bestimmte Dinge keine Zeit mehr übrig bleibt.

Manche unserer Formulierungen illustrieren diese falsche Sicht der Zeit. Wir sagen, dass man sich »die Zeit vertreibt« oder sogar, dass man »die Zeit totschlägt«, oder wir sprechen davon, dass wir »Zeit gewinnen«. Im Grunde ist all das nicht möglich. Aber wir können Zeit besser, das heißt angemessener, nutzen, und genau darum geht es in dem heutigen Abschnitt.

Wenn wir von einem bestimmten Tag reden, bezeichnen wir diesen als ein »Datum«. Jeder Tag ist einem Datum zugeordnet. Ein bestimmtes Jahr, ein bestimmter Monat und darin der soundsovielte Tag. Wir einigen uns auf ein Datum, wenn wir mit jemandem einen Termin vereinbaren. Das Wort »Datum« beschreibt aber eigentlich viel mehr als nur eine Zeitfestlegung. »Datum« kommt aus dem Lateinischen und heißt auf Deutsch »gegeben«. Zeit ist uns gegeben, geschenkt, anvertraut. Ein bestimmter Tag, eine festlegte Zeit. Gott schenkt sie jedem Menschen. An jedem Einzelnen liegt es nun, diese Zeit richtig zu füllen. Und das, was uns am wichtigsten ist, das füllt normalerweise unsere Zeit aus.

Wohlgemerkt, das muss nicht das sein, wovon wir behaupten, dass es für uns das Wichtigste ist, aber es ist das, was uns in Wirklichkeit am meisten bedeutet. Denn: Wer liebt, hat Zeit. Für das, was wir wirklich lieben, nehmen wir uns fast immer auch Zeit. Jemand hat es einmal treffend ausgedrückt: »Zeige mir deinen Terminkalender und dein Bankkonto, und ich sage dir, was dir wichtig ist.«

Wenn wir während dieser Aktion erkennen, welche Bedeutung echte Beziehungen haben, werden wir uns auch Zeit für sie nehmen. Ich bin kein großer Briefeschreiber, aber als meine Frau am Anfang unserer Verlobungszeit für einige Wochen in die USA musste, habe ich ihr jeden Tag einen Brief geschrieben. Ich hatte damals zweifellos genug zu tun und trotzdem fand ich die Zeit dafür. Warum? Wer liebt, hat Zeit, das heißt, er nimmt sich die Zeit. Wie wichtig uns Beziehungen sind, das erkennen wir ganz einfach daran, wie viel Zeit wir in sie investieren.

14. Tag:
Wir erkennen an der Zeit, die wir uns für etwas nehmen, wer und was uns wichtig ist

Paulus freute sich sehr über den Besuch von Epaphroditus, einem Mann aus der Gemeinde in Philippi. Für Epaphroditus war das keine einfache Sache. Er wurde sehr krank und konnte erst nach seiner Genesung die beschwerliche Rückreise nach Philippi antreten. Damals war Reisen gefährlich und zugleich sehr anstrengend. Warum mutete sich der Mann diese Reise zu? Weil dort, wo man sich liebt, kein Weg zu weit ist. Weil dort, wo man einander schätzt, Zeit und Kraft keine Opfer sind.

Diese Zeiten können wir planen, und wir sollten es auch tun, denn es werden Tage in unserem Leben kommen, in denen solche Beziehungen wichtiger sein werden als alles andere. Wir sollten hin und wieder darüber nachdenken, ob unsere Beziehung zu Gott und zu anderen Menschen den Raum in unserem Terminkalender einnimmt, der ihnen eigentlich zusteht. Es kann sehr schnell passieren, dass uns irgendetwas dazwischenkommt, dass Termine bereits vergeben sind. Und dann ist es eine große Hilfe, wenn wir dem wirklich Wichtigen schon vorher einen festen Platz in unseren Planungen eingeräumt haben.

Aber genau hier gibt es ein neues Problem. Wenn wir uns für andere öffnen wollen, müssen wir bereit sein, uns unterbrechen und unsere Pläne ändern zu lassen. Niemand wird gern bei einer wichtigen Sache unterbrochen, aber ich bin mir sicher, dass es zwangsläufig passieren wird, wenn unsere Liebe zu anderen auf die Probe gestellt wird. Es wird uns vielleicht so ergehen wie dem barmherzigen Samariter: Drei Menschen waren unterwegs nach Jericho. Zwei wollten ihre Reise nicht unterbrechen. Einer sah den Überfallenen und war bereit, seine Termine zu streichen, und blieb über Nacht bei dem Verletzten. Wer andere wirklich liebt, hat nicht unbedingt Zeit, aber er nimmt sich die Zeit, wenn andere ihn brauchen.

Bibellese: Philipper 2,25–30

Fragen zum Nachdenken: Nehmen Beziehungen in meinem Terminkalender den Raum ein, den sie auf Grund ihrer Bedeutung einnehmen sollten? Oder anders gefragt: Bin ich bereit, mich unterbrechen zu lassen, wenn andere mich brauchen?

Reisenotizen

15. Tag

Die Liebe ist nicht neidisch

»Die Liebe kennt keinen Neid.«
1. Korinther 13,4 (Hfa)

Es gibt wirklich keinen Grund, eifersüchtig zu sein!

Mal ehrlich: Man kann ein ganzes Buch schreiben und immer wieder dazu aufrufen, liebevoller miteinander umzugehen, doch dadurch ändert sich noch lange nichts. Oft wollen wir uns gar nicht ändern. Wir haben genug mit uns selbst zu tun, trauen uns und damit auch anderen nicht so recht über den Weg und sind oft durch eigene Schuld wie gelähmt.

Unvergebene und ungeklärte Dinge wirken sich in unserem Herzen verheerend aus. Da, wo niemand hinschauen kann, aber unser ganzes Leben gesteuert wird – im Verborgenen blockieren sie uns.

Wie eine aufkeimende Krankheit, die langsam chronisch wird, rauben diese falschen Entwicklungen im Leben uns den klaren Blick. Wir nehmen uns selbst nicht richtig wahr, über- oder unterschätzen uns. Stolz wechselt mit tiefer Niedergeschlagenheit; mal geben wir uns arrogant selbstsicher, dann wieder macht uns ein Gefühl von Minderwertigkeit zu schaffen.

»Was hat sie, das ich nicht habe?« Diese einfache Frage in einer banalen Parfümwerbung ist zu einem allseits bekannten Motto geworden: »Wie kann es dem anderen besser gehen als mir, das ist ungerecht.« Oder: »Was finden die Leute nur an ihr? So schön ist sie nun auch wieder nicht.« Und: »Alle danken sie ihm, und wer küsst mich? Ich habe schließlich mindestens genauso viel gearbeitet wie er.«

Weil wir mit uns selbst nicht klarkommen, gibt es zunehmend Probleme mit unserem Nächsten. Wir gönnen ihm die Anerkennung, das gute Leben, den Erfolg nicht. Wir sind eifersüchtig, ziehen uns zurück und geben dem anderen die Schuld. *Er* ist unausstehlich. *Er* macht Fehler, verletzt uns, übersieht uns, bleibt uns die erwartete Liebe schuldig. Irgendwie ist uns bewusst, dass wir an dieser Entwicklung auch beteiligt sind, aber mit der Zeit geht der Blick für die eigene Verantwortung verloren.

Wie leicht betrügen wir uns selbst, verdrängen die Tatsache, dass wir das Problem sind. *Ich* bin eifersüchtig. Niemand zwingt mich dazu; es ist mein Problem. Mir fehlt diese schenkende, vergebende, den anderen schätzende Liebe. Mir geht es viel zu oft nur um mich und viel zu wenig um meinen Nächsten. Ja, ich bin eifersüchtig, missgönne dem anderen den Segen Gottes. Es ist verrückt, aber leider wahr. Schlechte Nachrichten sind auch in der Gemeinde oft die besseren Nachrichten. Es fällt viel leichter, von der Not des Nächsten zu hören, als miterleben zu müssen, wie Gott ihn segnet. Da kommt Neid auf. Was eigentlich nicht sein darf, macht uns immer wieder zu schaffen: Es fällt uns so schwer, dem Nächsten Segen Gottes zu gönnen.

An diesem Punkt muss der Heilige Geist uns helfen. Erst wenn wir unsere mangelnde Liebesfähigkeit wahrnehmen, sie nicht mehr verdrängen oder leugnen, haben wir eine Chance, Gottes Liebe zu leben, frei von Missgunst und Neid. Wenn er in uns zum Zuge kommt, gibt es keinen Grund mehr, eifersüchtig zu sein. Wir lernen, unser Leben als ein Geschenk zu begreifen, das unverdient und einmalig ist.

Lesen Sie immer wieder 1. Korinther 13, die göttliche Beschreibung der Liebe. So hat der Heilige Geist sie definiert, unter anderem mit dem kurzen Vers, der uns heute beschäftigt: »Die Liebe kennt keinen Neid.« Das ist der Leitvers dieses Tages.

Liebe, so wie sie hier beschrieben wird, freut sich über das Glück der anderen. »Es ist schön, wie Gott die Familie Schmidt segnet.« Oder: »Ich bin begeistert, dass alle fünf Kinder von Familie Müller Christen sind und in der Gemeinde mitarbeiten. Das macht mir Mut, für meine Kinder zu beten.« Oder: »Ich freue mich über die Wahl des neuen Gemeindeleiters. Ich wäre es auch gerne geworden, aber so ist es gut. Herr, segne den Mann!«

Ist eine solche Liebe unerreichbar, nur ein frommer Traum? Nein, Sie sind zu einer solchen Liebe fähig, weil Sie Jesus Christus dazu fähig macht! Für Menschen, die ihr Leben Jesus anvertraut haben, gilt, was Paulus so nachdrücklich im Brief an die Gemeinde in Rom beschreibt: »Denn die Liebe Gottes ist ausgegossen in unsre Herzen durch den Heiligen Geist, der uns gegeben ist.« (Römer 5,5; LÜ)

Weil Jesus Ihre inneren Verletzungen heilt, die verdrängte Schuld vergibt, neue Vertrauensfähigkeit in Ihnen weckt und Sie mutig und aufrichtig macht, wird eine solche Liebe in Ihrem Leben Realität.

Gott allein hat die Voraussetzung zu echter, tief gehender Veränderung geschaffen. Er hat seine Liebe zu uns unter Beweis gestellt. Jesus, der am Kreuz für uns gestorben ist, wurde durch die Kraft Gottes auferweckt. Der Gott, der das geschafft hat, ist auch in der Lage, Sie und mich durch seine Liebe zu verändern.

15. Tag: Es gibt wirklich keinen Grund, eifersüchtig zu sein

Wenn wir unser Leben in diesem Bereich wirklich verändern wollen, sollten wir dies ernst nehmen und ganz gezielt einen Schritt des Vertrauens gehen. Suchen Sie die Stille des Gebets, und sagen Sie Jesus, wie es in Ihnen aussieht. Beschönigen Sie nichts. Seien Sie radikal ehrlich. Werfen Sie ihm Ihren Neid und Ihre Unfähigkeit zu lieben vor die Füße. Vertrauen Sie darauf, dass er weiterweiß, wo Sie am Ende sind. Er hat Antworten auf Ihre Fragen. Ihm ist nichts unmöglich – versuchen Sie's!

Manchmal geht es jedoch auch nicht ohne Hilfe. In der Seelsorge können Sie mit der Unterstützung eines Menschen, dem Sie vertrauen, Jesus das bringen, was bisher im Verborgenen lag und Ihnen so zu schaffen gemacht hat. Im Licht der Vergebung und Heilung verändert sich alles. Der Seelsorger spricht Ihnen die Vergebung zu und segnet Sie im Namen des dreieinigen Gottes. Nutzen Sie diesen Schatz des geistlichen Lebens, den Ihnen die Gemeinde bietet. Sie werden spüren, wie Ihnen eine Last vom Herzen fällt. Ihre Seele kann wieder durchatmen. Sie sind frei für die Liebe Gottes.

Bibellese: Psalm 139,23–24

Fragen zum Nachdenken: In welchen Situationen fällt es mir schwer, dem Nächsten sein Glück zu gönnen? Warum werde ich so leicht neidisch?

Reisenotizen

16. Tag

Wunschträume, die niemand erfüllen kann

»Hört also nicht auf, einander aus reinem Herzen zu lieben!«
1. Petrus 1,22 (GN)

Es gibt keinen Menschen, den Sie nicht lieben könnten

Gott hat Sie überreich mit seiner Liebe beschenkt, die in allen Menschen wohnt, die mit Jesus unterwegs sind. Darauf können Sie fest vertrauen: »[...] denn die Liebe Gottes ist ausgegossen in unsre Herzen durch den Heiligen Geist, der uns gegeben ist« (Römer 5,5; LÜ).

So weit, so gut, aber was bedeutet das für den ganz normalen Umgang mit Menschen, die uns alles andere als sympathisch sind? Wäre es nicht möglich, dass es Menschen gibt, die wir niemals lieben können? Was ist mit denen, die uns tief verletzt oder enttäuscht haben, oder mit denen, die uns den letzten Nerv rauben? Was ist mit den Menschen, die mir mit ihrer Art oder ihrem Gerede auf die Nerven gehen? Sollen wir sie wirklich alle lieben?

Ich staune immer wieder über die bedingungslose Liebe Gottes, die tatsächlich allen Menschen gilt. Seine Liebe beginnt nicht erst dort, wo Menschen nach ihm und seinen Willen fragen. Er liebt uns schon, bevor wir überhaupt erst nach ihm fragen. Paulus weist darauf hin, als er im Brief an die Gemeinde in Rom schreibt: »Gott aber erweist seine Liebe zu uns darin, dass Christus für uns gestorben ist, als wir noch Sünder waren« (Römer 5,8; LÜ). Dieser Gedanke begeistert und berührt mich immer wieder. Seine Liebe war und ist grenzenlos und schließt selbst die mit ein, die nichts mit ihm zu tun haben wollen.

Aber was bedeutet das für uns und unseren Umgang mit anderen Menschen? Ab dem Augenblick, in dem wir Christen werden, wohnt diese Liebe Gottes auch in uns: »... denn die Liebe Gottes ist ausgegossen in unsere Herzen ...!« Und damit stehen wir in der Verantwortung, diese Liebe an andere weiterzugeben. Doch das erweist sich ganz schnell als eine echte Last.

Ein Frau erzählte mir einmal, wie schwer es ihr fiel, ihren Nächsten in einer Situation zu lieben, in der ihr nach allem außer Liebe zu Mute war. Sie sagte: »Ich habe meinen Nachbarn schon so oft freundlich gebeten, seinen LKW nicht direkt vor unserer Einfahrt abzustellen. Und doch macht er es immer wieder. Ich kann für ihn einfach keine Liebe mehr empfinden!«

Im Rahmen unseres Gesprächs erwähnte ich den oben stehenden Bibelvers und wie seine Umsetzung in unserem Leben aussehen kann. Anderen in Liebe zu begegnen meint nicht, dass wir gute Gefühle produzieren müssen. Das wird uns nicht gelingen. Sympathie lässt sich nicht anordnen. Wenn wir erwarten, dass in uns warme Gefühle für Menschen aufsteigen, die an uns schuldig geworden sind, können wir lange warten. Wir werden an den eigenen Ansprüchen und Erwartungen scheitern. Niemand kann allen Menschen das gleiche Maß an liebevollen Gefühlen entgegenbringen, schon gar nicht denen, die an uns schuldig werden.

Aber Gott möchte auch nicht, dass wir allen Menschen gute Gefühle entgegenbringen. Wir sind aufgefordert, alle Menschen zu *lieben.* Diese Liebe ist kein Gefühl, sondern ein Entschluss, Menschen so zu begegnen, wie Jesus ihnen begegnet ist. Nur so erklärt sich der Vers aus dem 1. Petrusbrief, der über der heutigen Andacht steht: »Hört also nicht auf, einander aus reinem Herzen zu lieben!«

Auf diese Weise konnte Jesus selbst die lieben, die ihn umbrachten. Nur so erklärt sich, wie er im Angesicht seiner Henker für sie beten und für sie Vergebung erbitten konnte.

Einen Menschen zu lieben beginnt mit dem Entschluss, ihn zu lieben. Es ist die innere Einstellung und die innere Haltung, auf die es hier ankommt. Wenn wir warten würden, bis sich die entsprechenden »liebevollen« Gefühle einstellen, würden wir vermutlich ewig warten. Die Liebe Gottes, die in unsere Herzen ausgegossen ist, ist eben viel mehr als nur ein warmes Gefühl. Sie ist von göttlicher Qualität und wurde uns geschenkt, damit wir sie weitergeben.

Wir werden in der Lage sein, jeden Menschen zu lieben, wenn wir aufhören, Wunschträumen hinterherzulaufen. Gott hat die Rahmenbedingungen geschaffen, die es uns möglich machen zu lieben. Er überfordert uns nicht, sondern mutet uns nur die Situationen zu, die er für richtig hält. Wie anders ist Epheser 2, Vers 10 (GN) sonst zu verstehen: »Wir sind ganz und gar Gottes Werk. Durch Jesus Christus hat er uns so geschaffen, dass wir nun Gutes tun können. Er hat sogar unsere guten Taten im Voraus geschaffen, damit sie nun in unserem Leben Wirklichkeit werden.«

Weil Jesus uns seine Liebe schenkt, können wir andere lieben. Ist unsere Beziehung zu ihm in Ordnung, hat das Auswirkungen auf unsere Beziehungen zu anderen Menschen. Wenn wir uns das Kreuz anschauen, wird dies noch deutlicher: Stimmt die Beziehung nach oben (der vertikale Balken), stimmt auch die Beziehung zu unserem Nächsten (der horizontale Balken).

Aber passen Sie auf, dass Sie die Liebe Gottes nicht romantisch überhöhen oder in einer falschen Weise idealisieren. Sie können anderen Menschen nicht das geben, was Gott allein ihnen geben kann und umgekehrt: Menschen können Ihnen nicht das geben, was allein Gott Ihnen geben kann.

Erwarten Sie also keine göttliche Liebe von Menschen, sondern von Gott. Und erwarten Sie auch von sich keine Wunder. Sie selbst können nicht schaffen, was nur Gott in Ihr Leben hineinlegen kann. Oft können wir Gott nur um mehr Liebe bitten. Er kann unser hartes Herz berühren und uns mehr Liebe und Erkenntnis schenken.

16. Tag: Es gibt keinen Menschen, den Sie nicht lieben könnten

Es gibt ein bewegendes Lied von Keith Green, diesem unnachahmlichen Musiker und Prediger, der so früh ums Leben kam und Jesus über alles liebte. In diesem Lied singt er sehr eindrücklich über diese Herzensveränderung, die wir alle brauchen: »O Lord, what can be done with an old heart like mine?« – »O Herr, was kann mit einem so alten, harten Herzen wie dem meinen geschehen?«

Wer so fragt, ist auf der richtigen Spur. Was wir sind, sind wir allein durch die Gnade Gottes. Je klarer uns das wird, desto leichter wird es uns fallen, die Menschen zu lieben.

Bibellese: 1. Korinther 4,6–13

Frage zum Nachdenken: Bin ich bereit, beständig und ernsthaft für einen Menschen zu beten, der mich verletzt hat und für mich eine Herausforderung darstellt?

Reisenotizen

17. Tag

Bitterkeit, die es allen schwer macht

»Vor allem aber lasst nicht nach, einander zu lieben.
Denn die Liebe deckt viele Sünden zu.«
1. Petrus 4,8 (Hfa)

Bitterkeit kann überwunden werden

Mögen Sie Pilze? Selbst gepflückte Pilze aus dem Wald? Wenn Sie Angst davor haben, die Falschen zu erwischen, sollten Sie sich auf die Röhrlinge konzentrieren. Diese Pilze haben unter dem Hut winzig kleine Röhren, die an einen Schwamm erinnern. Von dieser Sorte gibt es keine giftigen Exemplare. Doch wenn Sie nicht aufpassen, dann kann Ihnen trotzdem etwas Unangenehmes passieren: Mitten unter all die prächtigen Steinpilze und Maronen hat sich ein Bitterling eingeschlichen, der leicht zu verwechseln und absolut ungenießbar ist. Haben Sie ein solches Exemplar erwischt, können Sie das ganze Pilzgericht vergessen. Es schmeckt einfach widerlich.

Die Liebe hat es schwer mit uns, wenn in unserem Herz ein solcher »Bitterling« festsitzt. Er verdirbt einfach alles. Wir können uns noch so sehr anstrengen und alles versuchen – die Bitterkeit unserer Seele macht unser Leben und unser Handeln ungenießbar. Der Verfasser des Hebräerbriefes veranschaulicht die Auswirkungen dieser Bitterkeit: »Gebt aufeinander Acht, dass niemand die Gnade Gottes verscherzt und dass nicht jemand unter euch wie eine giftige Wurzel ausschlägt und viele vergiftet« (Hebräer 12,15; GN).

Es gibt so viele Erfahrungen und Erlebnisse, die dafür sorgen können, dass ein Mensch verbittert wird. Menschen, in die wir unser Vertrauen gesetzt haben, enttäuschen uns. Uns wird übel mitgespielt, Liebe vorenthalten. Liebesentzug macht bitter und stellt eine ernst zu nehmende Gefahr im Leben eines Menschen dar, weil er Selbstachtung und Selbstwert raubt.

Ich werde nie den Besuch bei einer alten Dame vergessen. Sie war schon über 90 und wollte mich dringend sprechen. Was sie mir erzählte, stimmte mich traurig: Bitterkeit, die sich über viele, viele Jahre bei ihr angestaut hatte, bestimmte ihre Erinnerungen. Sie kam einfach nicht darüber hinweg, dass eine andere Frau aus der Gemeinde, mit der ich sie immer wieder zusammen sah, es angeblich im Leben so viel besser gehabt hatte als sie. Natürlich konnte sie gute Gründe für ihre Klage vorbringen, die alle etwas mit ihrer Lebensgeschichte zu tun hatten. Sie wurde enttäuscht, zurückgestoßen, lieblos behandelt, verletzt – wer wollte das bestreiten. Aber sie war zugleich in ihrem eigenen Gefängnis der Bitterkeit gefangen. Und das Schlimmste war: Nichts schien zu helfen. Kein gutes Wort befreite sie, allein das Negative hielt ihren Blick gefangen. Alles Denken, Reden und Fühlen war von Bitterkeit geprägt. Es gab so viele gute Dinge in ihrem Leben, aber diese nahm sie nicht mehr wahr.

Nach diesem Gespräch fühlte ich mich wie erschlagen. Wie schrecklich ist die Frucht der Bitterkeit, wenn sie ein Leben bestimmt. Bitterkeit ist wie ein Gift. Aber zu jedem Gift gibt es ein Gegengift. Das Gegengift zur Bitterkeit ist die Liebe. Liebe schützt vor Bitterkeit.

Zu einfach, denken Sie? Petrus sagt: »Vor allem lasst nicht nach, einander zu lieben. Denn die Liebe deckt viele Sünden zu!« Wer bereit ist, dem anderen mit der Liebe Jesu zu begegnen, lernt zu vergeben und hört auf, ihm immer wieder vergangene Schuld vorzuhalten. Wer liebt, kann gar nicht nachtragend sein. Nachtragend ist der, der mit großem Selbstmitleid seine Gekränktheit und seinen verletzten Stolz pflegt. Er jammert, er klagt an, er hadert und ist voller Groll, aber er will nicht wirklich aus seinem Gefängnis heraus. Immer wieder treffen wir Menschen, die sich in ihrem Gefängnis der Bitterkeit richtig gemütlich eingerichtet haben. Würden sie dieses Zuhause aufgeben, befänden sie sich in einem neuen und unsicheren Bereich, und davor fürchten sie sich. Also bleiben sie lieber in der gewohnten Umgebung und klagen und jammern und hadern weiter – Bitterkeit wird ein Teil ihres Wesens.

17. Tag:
Bitterkeit kann überwunden werden

Wie kommen wir aus diesem Gefängnis heraus? Was kann uns helfen? Ich möchte Sie mit zu dem nehmen, der für uns einen Weg aus dem Gefängnis geschaffen hat, egal, woraus es in unserem Fall besteht. Jesus ist am Kreuz gestorben, damit wir befreit und heil werden. »Fürwahr, er trug unsre Krankheit und lud auf sich unsre Schmerzen. Wir aber hielten ihn für den, der geplagt und von Gott geschlagen und gemartert wäre. Aber er ist um unsrer Missetat willen verwundet und um unsrer Sünde willen zerschlagen. Die Strafe liegt auf ihm, auf dass wir Frieden hätten, und durch seine Wunden sind wir geheilt« (Jesaja 53,4–5; LÜ).

Wenn Sie es leid sind, ein Leben lang immer wieder durch die gleichen bitteren Gedanken gequält zu werden, wenn es Ihnen schwer fällt, zu lieben und zu verzeihen, dann bitten Sie Gott darum, Ihnen zu helfen! Ein einfaches Gebet genügt. Gott deckt in seiner Liebe zunächst unsere Sünden auf, damit sie bei Jesus ans Licht kommen. Und dann vergibt er sie uns, denn sie sollen uns nicht mehr belasten. Jesus befreit uns von ihnen – ein für alle Mal, denn was Jesus tut, das tut er richtig! Weil er uns seine Liebe schenkt, weil jeder Christ von seiner Vergebung lebt, können wir auch anderen Menschen mit dieser einzigartigen Liebe begegnen. Die Liebe, die wir an sie weitergeben, ist die Liebe Jesu.

In vielen Kirchen und Gemeinden beten wir jeden Sonntag das Vaterunser. Lassen Sie uns das auch leben, was Jesus uns mit auf den Weg gegeben hat: »Und vergib uns unsere Schuld, wie auch wir vergeben unsern Schuldigern!« (Matthäus 6,12; LÜ).

Versöhnung ist der Schlüssel, um das Gefängnis der Bitterkeit aufzuschließen. Jesus macht es möglich: Er vergibt Schuld! Wer das glaubt, lebt versöhnlich!

Bibellese: Matthäus 18,21–35

Fragen zum Nachdenken: Gibt es eine Beziehung in meinem Leben, die durch Bitterkeit vergiftet ist? Wie könnte ich mich mit diesem Menschen wieder versöhnen?

Reisenotizen

18. Tag

Unzufriedenheit, die jeden bedrückt

»Weil ihr ... Gottes geliebte Kinder seid, sollt ihr euch untereinander auch herzlich lieben ... Streitet nicht miteinander, und seid bereit, einander zu vergeben, selbst wenn ihr glaubt, im Recht zu sein ... Das Wichtigste ist die Liebe ...«
Kolosser 3,12–14 (Hfa)

Der innere Frieden öffnet die Tür zum Nächsten

Wissen Sie, was ein Griesgram ist? Ein Griesgram ist ein Mensch, »der mit den Zähnen knirscht«. So steht es jedenfalls im Lexikon. Gemeint ist jemand, der mürrisch ist, ständig schlecht drauf, ewig meckert. Mit einem solchen Menschen zusammen zu sein ist ein Zumutung. Mehr noch: Es beschwert das eigene Herz und raubt Lebensfreude und Lebensmut. Einem solchen Menschen geht man am liebsten aus dem Weg, weil man nun wirklich keinen gesteigerten Wert auf seine Gegenwart legt.

Aber wie wird ein Mensch zu einem Griesgram? Warum verhält er sich so, wie er es tut? Ein mürrischer Mensch ist unzufrieden. Er ist bedrückt, weil er in seinem Herzen keinen Frieden hat. Ohne diesen Frieden gerät das Leben aus dem Gleichgewicht und wird von negativen Gedanken und Gefühlen beherrscht. Ein solcher Mensch gerät in seinem Inneren aus der Bahn. Die kleinste Kleinigkeit führt zu mürrischen Reaktionen, die andere entnervt fragen lässt: »Was ist denn nur mit ihm los?«

Es gibt genügend Gründe dafür, »mit den Zähnen zu knirschen«, missmutig und unzufrieden zu sein. Eigene Vorstellungen und Wünsche gehen nicht in Erfüllung, Schwierigkeiten und Herausforderungen machen das Leben schwer, Gott erhört ein Gebet nicht in der erhofften Weise oder zu dem erhofften Zeitpunkt, Träume zerplatzen an der

Wirklichkeit des Lebens, am Zusammenleben mit Menschen und an der Führung Gottes. Jeder von uns hat sicher mehr als genug Gründe, um zum Griesgram zu werden.

Unser Herz braucht einen Ruhepunkt, ein festes Fundament, das stärker ist als alle negativen Einflüsse und mächtiger als unsere Überlegungen und Erwartungen. Paulus schreibt darüber in seinem Brief an die Philipper: »Gott wird euch seinen Frieden schenken, den Frieden, der all unser Verstehen, all unsere Vernunft übersteigt, der unsere Herzen und Gedanken im Glauben an Jesus Christus bewahrt« (Philipper 4,7; Hfa).

Jesus spricht immer wieder über diesen Frieden. Er sagt: »Den Frieden lasse ich euch, meinen Frieden gebe ich euch. Nicht gebe ich euch, wie die Welt gibt« (Johannes 14,27; LÜ). Durch die Gemeinschaft mit Jesus im Gebet, durch die Stille vor Gott und das Lesen der Bibel wird dieser Friede Wirklichkeit in unserem Leben. Es ist kein Friede gemeint, den wir uns selbst zusprechen können. Auch nicht einer, den wir von anderen bekommen, die ihn ebenso nötig haben wie wir. Es ist der Friede Gottes, der den Menschen von den Engeln damals in der Heiligen Nacht bei Bethlehem zugesagt wurde. In Jesus kam dieser Friede für alle Menschen erfahrbar auf diese Erde. »Ehre sei Gott in der Höhe und Friede auf Erden bei den Menschen seines Wohlgefallens« (Lukas 2, 14; LÜ).

Frieden hat mit Versöhnung zu tun, zuerst und vor allem anderen mit Gott! Aus diesem Grund ist Jesus für uns am Kreuz gestorben: »Doch er wurde blutig geschlagen, weil wir Gott die Treue gebrochen hatten; wegen unserer Sünden wurde er durchbohrt. Er wurde für uns bestraft – und wir? Wir haben nun Frieden mit Gott! Durch seine Wunden sind wir geheilt« (Jesaja 53,5; Hfa).

18. Tag:
Der innere Frieden öffnet die Tür zum Nächsten

Aus einem Griesgram wird nicht so schnell ein dankbarer und zufriedener Mensch. Einen missmutigen und ständig meckernden Zeitgenossen kann man nicht überreden, dankbar zu sein. Eine echte Veränderung ist nur durch Gottes Heiligen Geist möglich. Vielleicht sind Sie ja manchmal ein solcher Griesgram und leiden selbst darunter, dass Sie die Dinge so negativ sehen. Es tut Ihnen Leid, vielleicht sogar mehr, als Ihre Mitmenschen ahnen. Wenden Sie sich an den, der der Friede ist. Beten Sie zu Ihrem Herrn und Retter Jesus Christus. Sagen Sie ihm, was Ihnen Probleme bereitet und was Sie verärgert. Erzählen Sie ihm auch von den enttäuschten Hoffnungen, die Sie vielleicht im Hinblick auf seine Führung haben. Hinter dem Rücken Jesu zu klagen ist Sünde. Er wünscht sich, dass Ihre Beziehung zu ihm von Ehrlichkeit geprägt ist. Bekennen Sie ihm also offen und ehrlich, wenn Sie wütend sind, und nehmen Sie seine heilende Kraft in Anspruch.

»Meinen Frieden gebe ich euch«, sagte Jesus. Darauf dürfen Sie sich verlassen. Jesus hält, was er verspricht – auch wenn wir manchmal das Gefühl haben, dass es anders ist. Der Friede, der durch Jesus in Ihrem Leben Wirklichkeit wird, wird Ihre Beziehungen verändern. Heimlicher Groll und versteckte Unversöhnlichkeit werden in Ihrem Herzen keine Chance mehr haben. Sie müssen auf einmal nicht mehr streiten. Selbst dann nicht, wenn Sie sich im Recht wähnen. Die Liebe zu Gott und die Liebe zum Nächsten sind auf einmal wichtiger als die Mechanismen der alten Gewohnheiten.

Als Christen sind wir Gottes geliebte Kinder. Das bedeutet: Gottes Wesen soll sich in unserem Leben widerspiegeln. Gott möchte nicht, dass wir durch unsere negative Art immer wieder für Streit und Ärger sorgen. Gott wünscht sich Frieden. Gott will, dass unsere Beziehungen untereinander durch Liebe geprägt sind, denn Gott *ist* Liebe.

Kommt es dennoch zum Streit, dann ist Versöhnung angesagt. Wie können wir mit unserem Nächsten im Clinch liegen, wenn wir daran glauben, dass Jesus am Kreuz ewigen Frieden erworben hat? Dieser Frieden und diese Versöhnung machen Herzlichkeit in den Beziehungen zu anderen Menschen erst möglich. Veränderung ist möglich. Es gibt Hoffnung, auch für passionierte Meckerer. Für Jesus ist es ein Leichtes, unsere Herzen zu überwinden; ihm ist nichts unmöglich.

Was für ein Herr, was für ein Gott! Ihm allein sei Ehre!

Bibellese: Römer 12,15–21

Fragen zum Nachdenken: In welchen Lebenssituationen gerate ich leicht aus dem Gleichgewicht? Bin ich bereit, Gott meine negative Lebenseinstellung zu bekennen, und rechne ich mit seiner verändernden Kraft in meinem Leben?

Reisenotizen

19. Tag

Gespräche, die an der Oberfläche bleiben

»Freut euch mit den Fröhlichen und weint mit den Weinenden!«
Römer 12,15 (LÜ)

Liebe erfordert den Mut zur Nähe

Wenn Sie schon einmal in den USA waren, haben Sie sicher bemerkt, dass man überall mit einem obligatorischen »How are you?« – »Wie geht es Ihnen?« – begrüßt wird. Aus dieser Frage ist im Laufe einer langen Zeit ein Gruß geworden, der keine ernsthafte Antwort verlangt.

Bei uns ist es ähnlich. Wie oft begrüßen wir jemanden leichthin mit »Wie geht es dir?«, ohne darauf eine ehrliche Antwort zu erwarten? Was wir erwarten, ist das nicht weiter ausgeführte »Gut!«. Auf ein »Mir geht es nicht gut« reagieren wir mit Verunsicherung, weil wir gar nicht so recht wissen, wie wir darauf antworten sollen. Oft wollen wir auch gar nicht wissen, wie es dem anderen wirklich geht. Wir haben selbst schon genug Probleme.

Viele unserer Gespräche sind Smalltalk, oberflächliche Konversation, Zeitvertreib ohne wirkliche Begegnung. Man sieht sich, man spricht miteinander, aber man kennt sich nicht. Das Gespräch bleibt sehr oberflächlich.

Das ist zunächst auch in Ordnung. Nicht immer und überall können wir tief gehende Gespräche erwarten oder selbst pflegen. Aber was eher die Ausnahme sein sollte, ist vielerorts zur Gewohnheit geworden. Wir leiden an unverbindlichen Beziehungen. Wir vermissen Tiefe in unseren Freundschaften, Ehen und Familien. Es gibt zu wenige gute Gespräche, zu wenig Vertrauen. Unser Leben wird arm, wenn wir es nicht mit anderen teilen können.

Die Bibel weist darauf hin, dass uns Gott »ihm ähnlich« geschaffen hat. Zu Gott sollen wir eine tiefe Beziehung haben. Ihn sollen wir erkennen, ihn lieben, wie er uns geliebt hat. »Und du sollst den Herrn, deinen Gott, lieb haben von ganzem Herzen, von ganzer Seele und mit all deiner Kraft« (5. Mose 6,5; LÜ). Er macht aus seiner Liebe zu uns kein Geheimnis. Immer wieder spricht er davon, zum Beispiel in Jeremia 31, Vers 3, wo er mit den Worten zitiert wird: »Ich habe dich je und je geliebt, darum habe ich dich zu mir gezogen aus lauter Güte« (LÜ).

Gott wünscht sich tief gehende Beziehungen zu jedem seiner Kinder, aber er möchte auch, dass sie enge Beziehungen zueinander haben. Wir wurden erschaffen, um Gemeinschaft miteinander zu erfahren, und können nur bedingt alleine leben.

Vielleicht fällt es Ihnen manchmal leichter, alleine zu sein und nicht mit anderen reden zu müssen, weil es viel Anstrengung kosten kann, auf andere einzugehen. Immer wieder kommen Menschen in die Seelsorge und leiden unter diesem Zwiespalt: Auf der einen Seite suchen sie Geborgenheit und Annahme bei anderen Menschen – sie sehnen sich nach Liebe, wollen ihr Leben mit anderen teilen. Auf der anderen Seite scheuen sie selbst den näheren Kontakt und lassen andere nur ungern Anteil an dem haben, was sie wirklich bewegt. Sie suchen bei anderen, was sie selbst nicht bereit sind zu geben.

Paulus fordert uns Christen auf: »Freut euch mit den Fröhlichen und weint mit den Weinenden« (Römer 12,15; LÜ). Das gelingt nur, wenn wir den Mut zur Nähe haben. Spätestens in schwierigen Momenten sehnen wir uns nach Menschen, die Zeit, Verständnis und Einfühlungsvermögen für uns und unsere Situation haben. Geteilte Not wird zu halber Not.

19. Tag:
Liebe erfordert den Mut zur Nähe

Aber wir kennen auch die zweite Seite von wohltuender Nähe mit anderen Menschen: Geteilte Freude ist doppelte Freude. Wenn wir etwas wirklich Schönes erleben, wollen wir es mit anderen teilen. Ich werde nie einen Skiurlaub mit unserer Jugendgruppe vergessen. Es war ein strahlender Tag; der Schnee war herrlich, der Himmel blau. Ich stand ganz allein am Rand einer steilen Abfahrt und hatte nur einen Gedanken: *Warum ist meine Frau jetzt nicht mit dabei? So etwas muss man gemeinsam erleben. Alleine macht es nicht halb so viel Spaß.*

Wie können unsere Gespräche mit anderen lebendiger werden und das Reden mehr Tiefgang bekommen? Sicherlich ist es zunächst einmal hilfreich, mit wirklichem Interesse nachzufragen. Fragen klären die Motivation, warum man etwas tut oder eben nicht tut. Es wird deutlich, wieso man so oder so denkt und handelt.

Um das Gespräch mit Menschen zu beleben, können Fragen wie diese helfen: »Wie geht es dir wirklich?« Wenn Sie auf diese Weise fragen, signalisieren Sie, dass Sie kein Interesse an einem oberflächlich dahin gesagten »Danke, gut!« haben, sondern bereit sind, sich wirklich offen zu unterhalten und zuzuhören.

Oder haken Sie nach: »Was denkst du darüber?« Ihr Gegenüber wird auf diese Weise herausgefordert, Stellung zu beziehen und seine Meinung zu äußern. Das öffnet ein Gespräch und hilft, zum Wesentlichen vorzudringen. Ebenso vertiefend ist die Frage: »Wie geht es dir damit?«

Mir ist klar, dass man echte, tiefe Begegnungen nicht planen kann. Aber wenn wir wirklich an unserem Gegenüber interessiert sind, wenn wir mehr wollen als den üblichen Smalltalk, dann können wir schon die Voraussetzungen schaffen, die mehr Tiefe in Gespräch und Begegnung überhaupt möglich machen. Überlassen Sie es nicht dem Zufall, wie es läuft. Neben einem offenen Herzen und dem aufrichtigen Gebet, dass Gott seinen Segen dazu geben soll, zählt eben auch die Art und Weise, wie Sie reden und fragen.

Es kann zur Gewohnheit werden, was jetzt neu und ungewohnt erscheint. Neue Wege zu gehen und einzuüben kostet Anstrengung. Aber es lohnt sich ganz bestimmt, denn Ihre Begegnungen mit anderen Menschen werden anders verlaufen als bisher. Unser Leben wird reicher und weiter, wenn wir Menschen nicht nur oberflächlich und unverbindlich begegnen. Versuchen Sie es!

Bibellese: Kolosser 3,12–17

Frage zum Nachdenken: Wenn ich an die Termine in der nächsten Woche denke: Was kann ich mit dazu beitragen, dass ich den Menschen, denen ich begegne, näher komme?

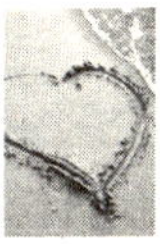

Reisenotizen

20. Tag

Liebe schenkt Freiheit

»Durch Christus wurde euch die Freiheit geschenkt.
Das bedeutet aber nicht, dass ihr jetzt tun und lassen könnt, was ihr wollt.
Nehmt vielmehr in gegenseitiger Liebe Rücksicht aufeinander!«
Galater 5,13 (Hfa)

Wer sich an andere Menschen klammert, wird sie verlieren

Wir alle kennen die Klammern, die in keinem Büro fehlen dürfen. Büroklammern halten Blätter zusammen, die zusammengehören. Niemand wird auf sie verzichten wollen, helfen sie uns doch, Ordnung ins Chaos der Papierflut zu bringen.

Menschen sind jedoch keine Papierblätter. Sie erlauben es uns nicht, sie wie eine Sache zu behandeln, zu heften, zu klammern und abzulegen. Menschen, die andere ohne ihr Einverständnis »ordnen« wollen oder sie an sich oder andere klammern, nehmen diesen die Luft zum Atmen. Und wer keine Luft mehr bekommt, der wehrt sich. Er kämpft um sein Leben. Viele Krisen im Miteinander, viele Konflikte und Verstimmungen sind auf solche Mechanismen zurückzuführen.

Es ist ganz wichtig, dass wir uns eines immer wieder bewusst machen: Liebe klammert nicht! Sie lässt dem anderen immer den nötigen Freiraum, um auf seine Weise reagieren und antworten zu können. Eine Liebe, die andere einengt und ihnen den nötigen Freiraum nimmt, bedeutet immer eine Überforderung. Wer überfordert wird, verweigert sich, stöhnt, wird aggressiv, weil ihm die Last zu schwer wird. Hohe Erwartungen üben einen Zwang aus, und selbst wenn jemand den Erwartungen nachkommt, geschieht dies dann nicht aus freien Stücken.

Die Gefahr ist groß, dass wir unter dem Deckmantel der Liebe andere Menschen unter Druck setzen. Wir meinen es nur gut, natürlich, aber wir ahnen, dass unsere Erwartungen meist zu hoch sind und andere belasten. Gemeinden sind an zu hohen Erwartungen zerbrochen, Menschen entziehen sich uns, wenn ständig Druck auf sie ausgeübt wird.

Mit echter Liebe hat das alles wenig zu tun. In seinem Wort, der Bibel, ermahnt Gott uns, aufeinander Rücksicht zu nehmen. Diese Rücksicht bewahrt uns davor, Druck auf andere auszuüben. Wer Rücksicht nimmt, kann Liebe üben, weil er wirklich den anderen im Blick hat.

Die Frage ist jedoch, wie lernen wir, Rücksicht zu nehmen, andere Menschen eben nicht mit unseren Erwartungen zu überfordern? Wie lernen wir, nicht zu klammern?

Wer Rücksicht nimmt, der schaut zurück, das macht schon das Wort an sich deutlich: »Rück-Sicht«. Nicht die eigene Sicht der Dinge ist maßgebend, vielmehr fragt sich der, der Rücksicht übt, wie es dem anderen geht, was ihn wohl bewegt und was ihm zum Guten hilft. Der starre Blick eines von sich selbst überzeugten Menschen macht stolz und ichbezogen. Der umsichtige Blick eines Menschen, der zu liebevoller Rücksichtnahme fähig ist, ehrt den anderen und macht demütig. Sich selbst zurücknehmen, um anderen zu dienen, ist eine Herausforderung, der wir uns immer wieder neu stellen müssen, denn sie widerspricht unserem selbstsüchtigen Wesen.

Hören wir noch einmal genau hin, was Paulus an die Galater schreibt: »Durch Christus wurde euch die Freiheit geschenkt. Das bedeutet aber nicht, dass ihr jetzt tun und lassen könnt, was ihr wollt. Nehmt vielmehr in gegenseitiger Liebe Rücksicht aufeinander!«

Wir brauchen Befreiung, damit wir Rücksicht üben können. Niemand kann sie aus sich selbst heraus »produzieren«. Jesus schenkt Freiheit vom egoistischen Denken und selbstverliebten Handeln. Schauen Sie daher weg von sich selbst, schauen Sie weg von allem, was Sie stolz und erhaben machen möchte – und blicken Sie auf Jesus. Lassen Sie los, schauen Sie auch weg von den Ängsten und Sorgen anderer Menschen, denen Sie meinen, unbedingt helfen zu müssen. Blicken Sie auf Jesus.

Das ist die »Rück-Sicht« auf Jesus, das Schauen auf ihn. Nehmen Sie sich dafür Zeit, wenn nötig auch eine richtige Auszeit. Nur so wird der Blick frei für das Wesentliche in Ihrem Leben und in Ihren Beziehungen. Jesus selbst zog sich immer wieder in die Stille zurück, um sein Leben, sein Denken und sein Handeln auf den Willen Gottes auszurichten. Und das sollten auch wir tun; er hat es uns vorgelebt.

Nicht zu klammern bedeutet loszulassen. Einen Menschen loszulassen, ihn nicht mehr bestimmen zu wollen, kann mit Verlustängsten einhergehen. Wir merken: Wir haben den anderen nicht mehr in der Hand. Er ist unserer Bestimmung entzogen. Doch wer gibt uns eigentlich das Recht, über andere bestimmen zu wollen? Gott selbst schenkt dem Menschen die Freiheit, sich für ihn oder gegen ihn zu entscheiden. Jesus hat keinen Druck ausgeübt, wenn es darum ging, ihn als Herrn und Retter anzunehmen. (Lesen Sie in Johannes 1,9–12 nach.) Er legte seinen Finger auf die wunden Stellen des Lebens, aber er zwang niemanden zur Heilung: »Als Jesus den liegen sah und vernahm, dass er schon so lange gelegen hatte, spricht er zu ihm: Willst du gesund werden?« (Johannes 5,6; Hfa).

20. Tag:
Wer sich an andere Menschen klammert, wird sie verlieren

Jesus kam als Arzt zu denen, die seine Hilfe suchten und wollten. Orientieren Sie sich an seinem Vorbild: Lassen Sie sich von Gott zu den Menschen senden, geben Sie an sie weiter, was Sie selbst von Gott empfangen haben, aber klammern Sie nicht. Überlassen Sie es Gott, im Herzen des anderen zu bewirken, was Sie ohnehin niemals wirken könnten. Als Christen sind wir Zeugen unseres Herrn und unseres Glaubens, das Überzeugen dürfen wir getrost dem Geist Gottes überlassen.

Bibellese: Matthäus 20,20–28

Fragen zum Nachdenken: Wo versuche ich immer wieder, Menschen »zu ihrem Glück« zu zwingen? Wo wäre es längst an der Zeit, dass ich mich mit meinen Kommentaren zurückhalte und Gott die Situation überlasse?

Reisenotizen

21. Tag

Worte, die niemand gerne hört

»Denn wo Neid und Streit ist, da sind Unordnung und lauter böse Dinge.«
Jakobus 3,16 (LÜ)

Wer laut schreit, hat deshalb noch lange nicht Recht!

Ganz unfreiwillig werde ich in einem kleinen Geschäft Zeuge einer lautstarken Auseinandersetzung, als eine Kundin eine Serviceleistung nicht bezahlen will. Es geht um 20 Euro. Die Stimme der Kundin wird immer lauter, die des Angestellten immer leiser, und alle anderen Kunden müssen warten, denn weitere Gespräche sind bei dieser Lautstärke nicht möglich.

Mir macht es manchmal Angst, wie aggressiv und laut unsere Welt geworden ist. Die Starken, diejenigen, die lautstark und vehement ihre Anliegen vorbringen, setzen sich fast immer durch. Gegen diese dominanten und durchsetzungsstarken Menschen haben die Schwächeren kaum eine Chance.

Als ich die Kundin in diesem Geschäft sehr höflich bitte – wirklich, sehr höflich –, doch etwas leiser zu reden, weil so kein weiteres Gespräch möglich sei, antwortet sie mir mit einem harschen »Nein« und lamentiert noch lauter.

Diese Unsitte können wir überall beobachten. In den Schulen ist das Klima rauer geworden. Im Straßenverkehr kommt es immer häufiger zu gefährlichen Situationen, weil Autofahrer die freie Fahrt ohne Rücksicht auf Verluste einfordern. Im Berufsleben gilt das Gesetz der Kosten- und Nutzenoptimierung, da haben die Schwachen keine Chance.

Dies kann auch für die Gemeinde Jesu, für die Menschen, die Gott und ihren Nächsten lieben, zu einer echten Herausforderung werden. Unmissverständlich ruft uns Gott dazu auf, nach einem anderen Prinzip zu leben. Er möchte, dass wir Frieden haben und Frieden leben. Streit und Missgunst, Rechthaberei und Machtanspruch, Dominanz und der Zwang, immer das letzte Wort haben zu müssen, führen dagegen unweigerlich zu Zank und Streit. Gott möchte, dass wir unserem Nächsten in Liebe entgegenkommen.

Und auch hier zeigt sich wieder, dass Liebe nicht nur ein Wort ist und weitaus mehr als ein Gefühl:

- Liebe bemüht sich um Frieden, nimmt sich selbst zurück und lässt den Schwachen die Luft zum Atmen.
- Liebe ist kritikfähig, kann den Mund halten, will nicht überall mitreden und ist bereit, sich korrigieren zu lassen.
- Liebe ist bereit zuzugeben, dass der andere auch einmal Recht hat.
- Liebe kann einfach nur zuhören, kommentarlos, vertrauensvoll.

Vergessen wir das, kommt es früher oder später zum Streit. Vielleicht haben Sie diese Erfahrung auch schon einmal gemacht: Noch vor einer Woche haben Sie sich blendend mit Ihrer Freundin verstanden, heute grüßt sie Sie kaum noch.

Warum? Was ist schief gelaufen, bei ihr, bei Ihnen? Läuft es nicht immer wieder nach demselben Schema ab: Wir wollen Recht behalten, unsere Meinung soll gelten, unsere Einschätzung lässt keinen Widerspruch zu – und schon ist es geschehen.

Streit in der Ehe, Streit in der Familie, Streit unter Freunden, Streit am Arbeitsplatz, Streit in der Schule, Streit in der Gemeinde. Der Boden eines vertrauensvollen Miteinanders wird zerstört, und das geht unglaublich schnell. Ein unversöhnlicher Gedanke, ein böses Wort, eine verletzende Tat, ein unsensibles Verhalten – das genügt. Streit verletzt, bewirkt Furcht und Angst, aber auch Zorn und Aggressivität. Der eine zieht sich zurück, der andere schlägt um sich, doch immer sind Zerstörung und negative Taten das Ergebnis davon: »Denn wo Neid und Streit ist, da sind Unordnung und lauter böse Dinge.«

Es gibt so viele Gründe, warum wir anderen Menschen gegenüber so intolerant und rechthaberisch auftreten. Oftmals sehen wir im Verhalten des anderen genau die Wesenszüge, die wir an uns selbst hassen. Oder die Situation geht uns auf die Nerven, weil wir genau an dieser Stelle so schlechte Erfahrungen gemacht haben. Auch unsere offensichtlichen und heimlichen Minderwertigkeitsgefühle machen uns aggressiv und streitsüchtig.

Da, wo es zu Streit kommt, weil Menschen intolerant und rechthaberisch auftreten, ist nicht selten auch ein Hang zum Perfektionismus mit im Spiel. Ein Perfektionist will alles richtig machen und verlangt, dass alles richtig läuft. Das funktioniert aber nicht – er wird weder den eigenen Ansprüchen gerecht noch kommen die anderen Menschen seinen Erwartungen nach. Und darunter leidet ein Perfektionist. Er kann einfach nicht zufrieden sein, weil es immer etwas gibt, das nicht so läuft, wie er es sich vorstellt. Das macht ihn hart und unbarmherzig.

Was kann man dagegen tun? Gibt es Hilfe für uns Perfektionisten? Wir wollen unsere Sache doch gut machen, aber wie werden wir barmherziger mit uns selbst und mit unserem Nächsten?

Lesen Sie Römer 5, Vers 5. Paulus schreibt an dieser Stelle (LÜ): »Die Liebe Gottes ist ausgegossen in unsre Herzen durch den Heiligen Geist, der uns gegeben ist.« Wenn Sie Christ sind, dann gilt das für Sie! Es ist alles da, nehmen Sie es, leben Sie es. Die Liebe ist stärker als unsere Minderwertigkeitsgefühle und mächtiger als unser Hang zum Perfektionismus.

21. Tag:
Wer laut schreit, hat deshalb noch lange nicht Recht

Bitten Sie Jesus doch am Beginn des Tages darum, Sie ganz mit seiner Liebe zu erfüllen. Rechnen Sie mit der verändernden Kraft des Heiligen Geistes. Auch wenn Ihnen die folgenden Tipps schon vertraut sind – denken Sie noch einmal darüber nach und handeln Sie entsprechend:

- Vertrauen zu Gott ist das Fundament Ihres Denkens und Handelns, denn er sorgt für Sie. Glauben Sie seinem Wort!
- Lesen Sie die Bibel. Orientieren Sie sich am Handeln Jesu und nicht an dem Handeln der Menschen in Ihrem Umfeld.
- Legen Sie sich und Jesus Rechenschaft über Ihre offensichtlichen und verborgenen Motive ab. Decken Sie Ehrgeiz, Stolz und Perfektionismus auf und geben Sie sie an Gott ab. Bitten Sie ihn um Heilung.
- Dienen dient der eigenen Demut. Streben Sie das Beste für die Menschen an, die Gott Ihnen zur Seite gestellt hat. Das bewahrt vor Dominanz und Rechthaberei.

Bibellese: Jakobus 3,1–12

Fragen zum Nachdenken: Wo rede ich zu viel? In welchen Situationen fällt es mir schwer, die Meinung meines Gegenübers einfach stehen zu lassen?

Reisenotizen

22. Tag

Wenn die Liebe Gottes uns erfüllt

»Die Liebe ist nicht überheblich!«
1. Korinther 13,4 (NL)

Unser Leben zeigt, wer wir wirklich sind

Wir sehnen uns nach Gemeinschaft, nach menschlicher Nähe, nach Geborgenheit und Verständnis. Gleichzeitig stellen wir entmutigt fest, dass unsere Beziehungen ständig gefährdet sind. Wenn es einen Bereich in unserem Leben gibt, der deutlich macht, wie verhängnisvoll sich die Sünde in unserem Alltag aufwirkt, dann ist es dieser.

Gottes Wort hält dagegen. Seit drei Wochen beschäftigen wir uns nun schon mit dem einen großen Thema, das Paulus im 13. Kapitel des 1. Korintherbriefs auf den Punkt gebracht hat. Liebe ist der Schlüssel zum Leben. Gott schenkt sie uns, wenn wir ihn darum bitten und uns auf ein Leben mit ihm einlassen.

Wollen Sie das? Wir müssen uns immer wieder bewusst machen, dass wir von vielen Dingen beeinflusst werden, die auf uns einströmen. Unser Leben gleicht einem Wasserbassin. Es wartet darauf, gefüllt zu werden. Wird es mit Gutem gefüllt, können wir Gutes daraus schöpfen und weitergeben. Es kann aber auch mit schädlichen Einflüssen gefüllt werden. Nur das, was drinnen ist, kann weitergegeben werden. Der Inhalt dieses Bassins beeinflusst unser Denken und Handeln und hat Auswirkungen auf unsere Gefühlswelt.

In der Computerwelt gibt es die Regel: »Garbage in, garbage out«, was übersetzt so viel bedeutet wie: »Wird Müll hineingeschüttet, kommt auch Müll heraus.« Genau das passiert mit unserem Leben, und deshalb ist es wichtig, dass wir einmal darüber nachdenken, mit welchen Dingen wir unseren »Tank« füllen. Unser Leben zeigt, was uns prägt und wer wir wirklich sind.

Unser Leben, unser Herz ist dieser Tank, und Gott will ihn füllen. Er hat gute Dinge für uns und will unser Leben gestalten und prägen. Paulus fordert uns deshalb auf: »Weiter, liebe Brüder: Was wahrhaftig ist, was ehrbar, was gerecht, was rein, was liebenswert, was einen guten Ruf hat, sei es eine Tugend, sei es ein Lob – darauf seid bedacht!« (Philipper 4,8; LÜ). Diese Werte sollen uns bestimmen; auf diese Weise will Gott unser Leben gestalten.

Obwohl in der Bibel immer wieder darauf hingewiesen wird, dass Gott nur Gutes für uns im Sinn hat, fällt es uns oft schwer, das zu glauben. Das schnelle Glück, die rasche Befriedigung faszinieren uns mehr. Wir zweifeln daran, dass wir bei Gott nicht doch zu kurz kommen. Stattdessen entscheiden wir uns für Abkürzungen, wollen schnelle Ergebnisse sehen und lassen Gott außen vor.

Die Macher unter uns nehmen das Heft selbst in die Hand: »Hilf dir selbst, dann hilft dir Gott.« Die Zaghaften hängen sich an Menschen, die ihnen Glück, Erfolg und Befriedigung versprechen. Auf der Suche nach Liebe und Angenommensein geben sich viele Menschen mit sehr fragwürdigen Lösungen zufrieden. Manchmal denke ich: *Es ist unglaublich, was die Leute glauben, wenn sie nicht glauben!*

Wie anders kann unser Leben verlaufen, wenn wir Gott gestatten, uns mit seiner Liebe zu erfüllen. Unser Leben, jedes Jahr, jeder Tag bekommt einen anderen Glanz, weil das Leben aus Gottes Hand für die Ewigkeit Bestand hat.

Mir fällt an dieser Stelle ein junger Mann ein, der in unsere Gemeinde kam. Von klein auf musste er damit leben, dass seine Eltern ihn nicht mochten. Er war kein Wunschkind. Solange er denken konnte, hieß es immer wieder: »Du bist ein Versager! Aus dir wird sowieso nichts!« Ein Versager war er dann auch, wie sollte es auch anders sein. Sein Bassin war immer wieder mit destruktiven Aussagen gefüllt worden, und er hatte nicht die Kraft, sich davon zu befreien. Aber dann lernte er Christen kennen und hörte von der Liebe Gottes. Als diese dann in sein Leben einzog, veränderte sich alles. Heute ist er fröhlich und lässt sich mit den guten Gedanken Gottes füllen.

Ich weiß nicht, was Sie empfinden, wenn Sie diese Worte lesen, aber auch für Sie gilt das Angebot Jesu: »Kommt alle her zu mir, die ihr euch abmüht und unter eurer Last leidet! Ich werde euch Frieden geben« (Matthäus 11,28; Hfa). Egal, womit Ihr Tank in der Vergangenheit gefüllt wurde, es darf etwas Neues hineinkommen. Lassen Sie das Alte heraus, schütten Sie Jesus Ihr Herz aus. Das Kreuz ist der Ort, an dem Sie frei werden können von allem, was Sie bedrückt und gefangen nimmt. Die Liebe Gottes ist bedingungslos und lebensverändernd zugleich. Sie dürfen zu Jesus kommen, so wie Sie sind, und Sie werden Veränderung erfahren.

Wir können nur geben, was wir haben. Darum brauchen wir das Geschenk der Liebe Gottes, damit unsere Herzen immer gefüllt sind. Und es wird deutlich: Jeden Tag neu muss das geschehen. Das Auffüllen ist keine Sache, die nur einmal im Leben geschieht. Aus diesem Grund sollten wir jeden Tag die Stille vor Gott, seine Nähe im Gebet und im Lesen der Bibel suchen.

22. Tag: Unser Leben zeigt, wer wir wirklich sind

Paulus sagt in seinem Brief an die Korinther: »Die Liebe ist nicht überheblich!« Wenn wir zulassen, dass die Liebe Gottes unser Herz erfüllt, ändert sich nicht nur unser persönliches Leben. Wir werden gemeinschaftsfähiger. Unsere Beziehungen verändern sich. Wir werden Menschen, die Frieden stiften und die Liebe Gottes weitergeben.

Überheblich sind Menschen, die mehr im Schein als im Sein leben. Ständig müssen sie sich profilieren, cool sein, Eindruck schinden. Aber wenn man sie genau beobachtet, wird deutlich, dass ihnen etwas fehlt – sie leiden an einem Mangel an Liebe, einem Mangel an der Nähe Gottes.

Haben Sie den Mut, sich von Jesus beschenken zu lassen. Überwinden Sie Ihren Stolz, alles allein und aus eigener Kraft bewerkstelligen zu wollen, werden Sie bedürftig vor Gott. Dann kann er Sie mit seiner Liebe füllen.

Bibellese: Johannes 8,1–11

Fragen zum Nachdenken: Welche Menschen, Erfahrungen und andere Dinge beeinflussen mein Leben? Womit beschließe ich den Tag, wie beginne ich ihn?

Reisenotizen

23. Tag

Annahme will gelernt sein

»Was wir auch tun, wir tun es aus der Liebe,
die Christus uns geschenkt hat.«
2. Korinther 5,14 (Hfa)

Wer sich selbst annehmen kann, ist befreit zu lieben

Vor mir fährt ein Wagen der deutschen Luxusklasse, für dessen Kaufpreis man sicher auch eine komfortable Eigentumswohnung bekommen hätte. Auf dem Heck hat der Besitzer einen kleinen Aufkleber angebracht: »Man gönnt sich ja sonst nichts!« Zugegeben, Selbstvertrauen hat der Kerl, aber auch ein großes Profilierungsbedürfnis. Er steht dazu und pflegt offen, was viele von uns heimlich betreiben. Wir stellen uns gerne dar, *gut* dar, wenn möglich. Wir zeigen, was wir haben, wollen geliebt und geachtet sein und laufen nicht selten einem Idealbild hinterher, dem wir nie im Leben gerecht werden.

Das ist anstrengend, unbefriedigend und vergeblich. Gleichgültig, wie sehr wir uns auch bemühen, wir werden unser Idealbild von uns selbst vermutlich nie verwirklichen können. Die einen reagieren auf diese Erkenntnis mit Resignation und geben sich überhaupt keine Mühe mehr, noch dazuzulernen, in Form zu bleiben oder sich ein neues Ziel zu setzen. Die anderen reiben sich in immer neuen Versuchen auf, dem Ideal doch zu gleichen.

Das Problem lässt sich auf relativ einfache Weise lösen. Ich akzeptiere mich so, wie ich bin, und mache das Beste daraus. Ja, wenn das so einfach wäre! Können Sie sich so annehmen, wie Sie sind? Wie geht es Ihnen, wenn Sie sich morgens verknittert im Spiegel betrachten? Wie gehen Sie damit um, dass Sie in einer Situation wieder einmal nicht den Mund halten konnten, sich wieder über jemanden aufgeregt, wieder ein Versprechen nicht gehalten haben?

Sie werden eher in der Lage sein, sich von Ihrem perfekten Selbstbild zu lösen, wenn Ihr Leben Sinn und Ziel hat. Sie müssen wissen, wozu Sie da sind. Der Kirchenvater Augustinus hat das vor langer Zeit treffend in Worte gefasst: »Unruhig ist unser Herz, bis es ruht in dir. Denn auf dich hin, Gott, hast du uns geschaffen!«

Unser Leben bekommt einen unendlichen Sinn, einen ewigen Wert, wenn wir wissen, dass Gott uns geschaffen, gewollt und vor der Schöpfung der Welt erwählt hat. Paulus schreibt in seinem Brief an die Epheser, Kapitel 1, Vers 4 (LÜ): »Denn in Christus hat er uns erwählt, ehe der Welt Grund gelegt war, dass wir heilig und untadelig vor ihm sein sollten; in seiner Liebe.«

Gott hat mich geschaffen, er hat mich so werden lassen, wie ich bin. Er gibt mir die Freiheit zu entscheiden, welche Richtung mein Leben nimmt. Er lädt mich aber auch ein, dem nachzuspüren, was er für mein Leben vorgesehen hat.

Wir haben eine Verantwortung, aber wir haben nicht alles im Griff. Dinge passieren, die wir nicht verstehen oder beeinflussen können. Dunkle Seiten unseres Charakters würden wir gerne loswerden. Menschen werden an uns schuldig, Dinge laufen schrecklich schief.

Aber was scheinbar keinen Sinn ergibt, bekommt in der Gegenwart Gottes einen Wert. Plötzlich erkenne ich: Ich bin nicht das Produkt des Zufalls, nicht das Ergebnis eines Erziehungsversuches oder der Spielball des Schicksals. Ich bin ein Geschöpf Gottes, ein Mensch, mit dem er ein Ziel und einen Plan hat. Ich darf mich an den wenden, der das Sagen hat und mich unendlich liebt.

Es fällt Ihnen schwer, das zu glauben? Gerade jetzt zu glauben? Dann befinden Sie sich sind in guter Gesellschaft. Viele der Männer und Frauen, von denen in der Bibel berichtet wird, teilten Ihre Zweifel. Lesen Sie einmal Psalm 73. Dort scheut sich ein Mann nicht, sehr offen und verzweifelt seine Bedenken anzumelden. Erst, als er genauer hinschaut, erst, als er begreift, wie ein Leben ohne Gott aussieht, ringt er sich zu neuem Vertrauen durch. Er schreibt: »Ich aber darf dir immer nahe sein, mein Herr und Gott; das ist mein ganzes Glück! Dir vertraue ich, deine wunderbaren Taten will ich weitererzählen« (Psalm 73,28; Hfa).

Glauben bedeutet vertrauen. Ich vertraue Gott entgegen jeden Zweifel. Ich glaube ihm aufs Wort. Ich nehme es ernst, wenn er sagt: »Ich habe euch schon immer geliebt, darum bin ich euch stets mit Güte begegnet« (Jeremia 31,3; Hfa).

Glauben Sie, dass er Sie liebt, Sie so gewollt hat, wie Sie sind? Glauben Sie, dass Sie ein guter Gedanke Gottes sind, seine gute Schöpfung?

Ich weiß, dass der Satz »Gott liebt dich« nach einer vorschnellen Antwort klingen kann – »Gott liebt mich? Schön, aber woran merke ich das?« Unsere Gefühle sagen uns oft etwas anderes. Uns fehlt der Beweis.

Auch ich kann Ihnen keinen Beweis liefern, sondern nur von einer Tat erzählen. Aber die ist atemberaubend. Jesus Christus, der Sohn Gottes, starb aus Liebe für uns am Kreuz! Er tat das zu einem Zeitpunkt, zu dem wir ihn noch nicht kannten. Er erklärte uns seine Liebe, lange bevor wir überhaupt die Möglichkeit hatten, darauf zu antworten.

23. Tag: Wer sich selbst annehmen kann, ist befreit zu lieben

Wenn das stimmt, dann bekommt mein Leben seinen Wert nicht durch meine Fähigkeiten und durch Statussymbole, die ich mir mühevoll zulege, nicht durch Bestätigung, die ich einklage, nicht durch den Nutzen, den ich bringe.

Wenn das stimmt, dann bekommt mein Leben seinen Wert von dem, der mich geschaffen hat. Ich bin einmalig und so wertvoll, dass Jesus sein Leben für mich gab!

Das ist der Weg. Selbstannahme ist kein psychologisches Programm. Es geht nicht darum, mir etwas Gutes einzureden. Ich muss meine Fehler nicht schönreden und meine guten Seiten nicht klein machen.

Ich bin ich, weil Gott mich erschaffen hat. Er wollte mich, er spricht zu mir, gerade jetzt, und er gibt meinem Leben wirklich einen Sinn. Ich bin sein geliebtes Kind. Wenn ich das annehme, zuerst noch zögerlich, dann aber immer mehr, weil ich ihm glaube und nicht meinem zweifelnden Herzen, bricht etwas Neues auf. Ich liebe, weil ich geliebt bin. Ich verstehe, was Jesus meint, wenn er sagt (Lukas 10,27; LÜ): »Du sollst den Herrn, deinen Gott, lieben von ganzem Herzen, von ganzer Seele, von allen Kräften und von ganzem Gemüt, und deinen Nächsten wie dich selbst.« Das ist möglich, weil Gott selbst die Voraussetzung dafür geschaffen hat.

Bibellese: Matthäus 18,1–5

Fragen zum Nachdenken: Wo sind Sie mit sich selbst nicht zufrieden, wo nicht im Reinen? Haben Sie Gott das schon einmal ehrlich gesagt und ihn gebeten, Ihnen die Gewissheit zu schenken, dass er Sie so liebt, wie Sie sind?

Reisenotizen

24. Tag

Ich weiß, worauf ich bauen kann

»In der Liebe Jesu sollt ihr fest verwurzelt sein;
auf sie sollt ihr bauen!«
Epheser 3,17 (Hfa)

Das Fundament gibt unserem Leben Halt

Kennen Sie das Gleichnis vom Hausbau? Wenn nicht, sollten Sie es unbedingt einmal im Matthäusevangelium nachlesen. Jesus hat es am Ende der langen Bergpredigt erzählt. Nachdem alles gesagt ist, stellt er seinen Zuhörern die entscheidende Frage: »Auf welchem Fundament steht dein Haus?« Wenn der Sturm kommt, der große Regen fällt, wird das Haus auf Sand weggespült, das Haus, das auf Fels erbaut wurde, bleibt dagegen stehen. »Wer meine Worte hört und danach handelt, der ist klug. Man kann ihn mit einem Mann vergleichen, der sein Haus auf felsigen Grund baut. Wenn ein Wolkenbruch niedergeht, das Hochwasser steigt und der Sturm am Haus rüttelt, wird es trotzdem nicht einstürzen, weil es auf Felsengrund gebaut ist« (Matthäus 7,24–25; Hfa).

Vergleichen Sie Ihr Leben einmal mit einem Haus. Worauf haben Sie es gegründet? Wenn die Stürme über Sie hereinbrechen, wenn Krisen Sie schütteln, Schicksalsschläge Sie treffen – wo finden Sie Halt? Immer mehr Menschen scheitern, weil sie mit den Herausforderungen unserer modernen Zeit nicht klarkommen und ihnen der Boden unter den Füßen weggezogen wird. Ich habe die Beobachtung gemacht, dass die Zahl der Menschen, die seelsorgerlichen und psychologischen Rat suchen, noch nie so groß war wie in der heutigen Zeit. Was ist los? Woran liegt das?

Zum einen sicherlich daran, dass wir mit immer mehr Anforderungen konfrontiert werden und immer mehr Eindrücke auf uns einstürzen. Zu viele Informationen erreichen uns, zu viele Entscheidungen sind zu treffen. In einem Wochenmagazin war dieser Tage zu lesen: Die Eindrücke, die ein Mensch in der westlichen Welt an einem Tag zu verarbeiten hat, waren im Mittelalter die Eindrücke eines ganzen Lebens.

Zum anderen haben sich die Menschen im vergangenen Jahrhundert immer stärker von Gott abgewandt und den Halt in sich oder in sehr diesseitigen Dingen gesucht: Wozu brauchen wir Gott, wenn Wissenschaft und Technik schon so weit entwickelt sind? Warum noch beten, wenn alles versichert ist und die ärztliche Versorgung stimmt? Wir nehmen die Dinge gerne selbst in die Hand, vertrauen unserem Können und Wissen, unserer Intuition, bauen auf das, was wir besitzen. So sieht er aus, der Halt des Lebens.

Eines wird deutlich: Einen festen Halt braucht der Mensch. Die Sehnsucht danach ist uns in die Wiege gelegt. Die Frage ist nur, ob wir selbst dieses Fundament schaffen können oder ob wir nicht gerade an dieser Stelle merken, wie sehr wir Gott brauchen. Erinnern Sie sich an das Zitat von Augustinus, dem Kirchenvater? »Unruhig ist unser Herz, bis es ruht in dir. Denn auf dich hin, Gott, hast du uns geschaffen!« Genau das meint Paulus, wenn er in seinem Brief an die Epheser schreibt: »In der Liebe Jesu sollt ihr fest verwurzelt sein; auf sie sollt ihr bauen!«

Die Liebe Jesu, Jesus Christus selbst, ist das wahre sturmerprobte Fundament unseres Lebens. Wenn ich mich für ihn entscheide und ihm mein Leben anvertraue, dann kann ich ein Leben führen, das auf einem festen Felsen gegründet ist. Einen tragfähigen Grund kann nur der bieten, der das Leben »erfunden« hat: Gott! Er ist der Schöpfer. Aber nicht irgendwo, weit draußen, anonym, für uns unerreichbar, nein, er ist uns so nahe gekommen, damit wir ihn kennen lernen können. Der Beweis dafür ist Jesus. Er war hier, hier auf dieser Welt, und weil er Mensch war, versteht er uns und sorgt für uns.

Er verspricht jedem, der ihm vertraut, Hilfe und Halt. Paulus schreibt immer wieder begeistert darüber, zum Beispiel in 1. Korinther 3, Vers 11 (Hfa): »Das Fundament, das bei euch gelegt wurde, ist Jesus Christus. Niemand kann ein anderes oder gar besseres Fundament legen.«

Christus ist das Fundament. Er ist die Verbindung zu Gott, der Weg, den wir gehen können. Ihm zu vertrauen bedeutet: Jetzt hat mein Leben ein Fundament. Ich kann nicht verhindern, dass schwere Zeiten auf mich zukommen, ich habe längst nicht alles im Griff, aber *er*! Er behält die Übersicht und sorgt dafür, dass auch widrige Dinge mich nicht vernichten. Im Gegenteil! Selbst Dinge, die mir eigentlich schaden würden, nutzt er zu meinem Vorteil: »Wir wissen aber, dass denen, die Gott lieben, alle Dinge zum Besten dienen, denen, die nach seinem Ratschluss berufen sind« (Römer 8,28; LÜ).

24. Tag: Das Fundament gibt unserem Leben Halt

Das klingt vielen unserer Zeitgenossen zu fromm und passt so gar nicht in die Überzeugungen unserer heutigen Zeit, nach denen entweder alle Wege zu Gott führen oder man überhaupt keinen Gott braucht. Doch was ist, wenn man feststellt – und meist stellt man dies zu spät fest –, dass die modernen Götter nicht helfen? Dass man ohne Gott wirklich alleine ist, wenn es drauf ankommt? Natürlich hat jeder von uns die Wahl, so zu leben, wie er will; wir können verdrängen, dass unser Leben irgendwann einmal enden wird, und so tun, als lebten wir ewig, und es käme nur darauf an, möglichst viel Spaß zu haben. Aber wenn es eng wird, wenn das Leben schwierig wird, zeigt sich, ob unsere Überzeugungen tragen.

Gott trägt, die Liebe Jesu trägt, in diesem Leben und darüber hinaus. Die Liebe ist das Fundament. Wer Jesus glaubt, der findet einen sicheren Halt und damit zu der von Gott bestimmten Identität.

Ich besuchte vor einer Weile eine alte Dame aus unserer Gemeinde. Sie ist über 90 Jahre alt und hat sich, wie sie mir sagte, am 7. Juli 1933 für Jesus entschieden. Sie erzählte mir begeistert von der Gemeinde, zu der sie in all den Jahrzehnten gehört hatte. Wir feierten zusammen das Abendmahl und am Schluss schaute sie mich ganz ernst an und fragte: »Pastor Pache, würden Sie ohne Jesus leben wollen?« Da konnte ich nur tief bewegt den Kopf schütteln und antworten: »Nein, niemals!«

Ich weiß, worauf ich bauen kann. Wissen Sie es?

Bibellese: Hebräer 4,14–16

Fragen zum Nachdenken: Was ist in meinem Leben wirklich wichtig? Wem vertraue ich?

Reisenotizen

25. Tag

Veränderung fällt nicht leicht, tut aber gut

»Die Frucht aber des Geistes ist Liebe, Freude, Friede, Geduld, Freundlichkeit, Güte, Treue, Sanftmut, Keuschheit.«
Galater 5,22–23 (LÜ)

Die Ordnung unserer inneren Welt bestimmt unsere Lebensführung

Meine Freund hat ein Segelboot, eine kleine Jolle, die er mit viel Sorgfalt pflegt. Im Herbst kommt sie aus dem Wasser und dann ist Reinigung angesagt und für den Rumpf ein neuer Anstrich fällig. Seit ich weiß, wie viel Zeit und Geld das kostet, ist mein Wunsch, auch ein solches Boot zu besitzen, nicht mehr ganz so groß.

Was mir dabei auffiel, ist, dass der normalerweise nicht sichtbare Teil dieses Bootes, also alles, was sich unterhalb der Wasserlinie befindet, genauso gepflegt werden muss wie der sichtbare. Die Sicherheit des Bootes hängt davon ab. Wenn zum Beispiel der Kiel nicht in Ordnung ist, kann der nächste Sturm zum Verhängnis werden.

Das ist ein gutes Bild für unser Leben. Da gibt es zum einen die äußeren Dinge des Lebens. Sie fordern uns, und es liegt nahe, dass wir hier viel Zeit und Kraft investieren. Wir legen Wert auf Kleidung und Aussehen. Wir kümmern uns um unsere Wohnung, um das Auto und kaufen uns viele Dinge, die uns das Leben angenehmer machen. Wir legen Wert auf Freundschaften und lieben es, in Gesellschaft gut zu essen. Wir schließen Versicherungen ab und planen den nächsten Urlaub.

Leider vergessen wir dabei nur zu leicht die Versorgung unserer inneren Welt und bedenken nicht, dass es unserer Seele auch gut gehen muss, wenn das Leben gelingen soll. Die Ordnung der inneren Welt bestimmt unsere Lebensführung. Wir brauchen Zeit, um uns um unser Herz, unsere Seele zu kümmern. Dazu gehören Zeiten der Stille, das

Gebet, die Beschäftigung mit der Bibel und auch immer wieder ein Nein zu einem Zuviel an Reizen und Ablenkung.

Herz, Seele – die Verfasser der biblischen Bücher verwenden mal den einen, mal den andern Begriff für den inneren Menschen und fordern uns auf, ihm unsere besondere Aufmerksamkeit zu schenken. Doch immer wieder fallen wir auf eine ganz irrige Auffassung herein: Wir machen unser Glück und unser Wohlbefinden von äußeren Dingen abhängig und vernachlässigen unser Inneres. Das neue Auto, der schnellere Computer, die Lohnerhöhung, das eigene Haus – habe ich das eine, will ich das andere. Wie der deutsche Theologe und Prediger Johann Martin Miller so richtig bemerkte: »Je mehr er hat, je mehr er will, nie schweigen seine Klagen still.«

Aber leider macht uns die Erfüllung all dieser Sehnsüchte noch lange nicht glücklich. In unserem Inneren muss es stimmen. Wenn wir unser Herz vernachlässigen, werden wir beim nächsten Sturm untergehen.

Bemühen wir noch einmal das Bild vom Segelboot. Gordon MacDonald erzählt in einem seiner Bücher die Geschichte des berühmten Seglers Michael Plant. Dieser versuchte 1992, den Atlantik zu überqueren, und kam dabei ums Leben. Wie sich später herausstellte, hatte er grundlegende Sicherheitsvorschriften missachtet, weil er sich seiner Sache zu sicher war. Als man das Boot fand, war der Kiel abgerissen!

25. Tag:
Die Ordnung unserer inneren Welt bestimmt unsere Lebensführung

Unsere innere Welt, der Teil unseres Lebens, der den Blicken der anderen Menschen verborgen bleibt, der Teil unterhalb der Wasseroberfläche braucht unsere Aufmerksamkeit. Der Verfasser der Sprichwörter merkt ganz richtig an: »Behüte dein Herz mit allem Fleiß; denn daraus quillt das Leben« (Sprüche 4,23; LÜ).

Wie steht es um Ihr Herz, Ihre Seele? Was hat sich da über Jahre angesammelt, das Sie nur beschwert und verunreinigt? Was haben Sie Ihrer Seele zugemutet? Wir können unsere Freunde, Nachbarn, Kollegen mit den äußerlichen Dingen unglaublich beeindrucken, Gott aber nicht. Gott blickt tiefer, Gott sieht unser Herz: »Denn ich [Gott] urteile nach anderen Maßstäben als die Menschen. Für die Menschen ist wichtig, was sie mit den Augen wahrnehmen können; ich dagegen schaue jedem Menschen ins Herz« (1. Samuel 16,7; Hfa).

Auch Jesus ließ sich von Äußerlichkeiten nicht beeindrucken. Besonders deutlich wird das in seinem Umgang mit kranken Menschen.

Es ging ihm nie um eine oberflächliche Sofortbehandlung. Immer wieder hat er die Menschen in ihrer Gesamtheit, ihre äußere *und* innere Verfassung, gesehen. Im Neuen Testament wird davon berichtet, dass Menschen einen Gelähmten zu Jesus brachten. Sie hofften, dass Jesus diesen Mann heilen würde, was er auch tat. Aber vorher sprach er etwas ganz anderes an und machte deutlich, dass dies das Hauptproblem gewesen war. Jesus sagt zu dem Gelähmten: »Sei getrost, mein Sohn, deine Sünden sind dir vergeben« (Matthäus 9,2; LÜ). Jesus war der innere Mensch offensichtlich wichtiger als der äußere. Bevor er diesen Mann heilte, sprach er seine innere Not an. Wir werden erst dann ein sinnerfülltes und zufriedenes Leben führen, wenn die innere Not unseres Lebens behoben ist.

Wir sind uns dessen meist bewusst, aber es fällt uns trotzdem schwer, auf die Gesundheit unserer Seele zu achten, da dies oft sehr anstrengend und nicht zuletzt mit vielen Ängsten verbunden ist – wie viele dunkle Geheimnisse schlummern dort!

- Geheimnisse verborgener Schuld, ungeklärter Dinge. Gehört Ihnen wirklich alles, was Sie besitzen? Wen haben Sie belogen, verletzt? Jemand hat einmal gesagt: »Wenn das rauskäme, käme ich rein und nicht mehr raus!«
- Geheimnisse verbotener Lust. Was muten Sie Ihren Augen zu, welche Bilder haben sich unvergesslich in Ihre Seele eingebrannt?
- Geheimnisse erlittener Schuld. Wer ist an Ihnen schuldig geworden, so schlimm und erniedrigend, dass Sie darüber lieber nicht sprechen?

Jesus lädt Sie ein, sich ihm mit Ihrem ganzen Leben anzuvertrauen. Seine grenzenlose Liebe macht es Ihnen möglich, so zu kommen, wie Sie sind. Er ist immer an Ihrer ganzen Persönlichkeit interessiert. Wenn er fragt: »Wie geht es dir?«, dann will er es wirklich wissen.

Ich wünsche Ihnen von Herzen, dass Ihr Leben so verläuft, wie Sie sich dies wünschen, und dass Sie von Schicksalsschlägen verschont bleiben. Genießen Sie die herrliche Schöpfung Gottes und seine guten Gaben. Aber achten Sie auf Ihr Herz, achten Sie auf Ihren inneren Menschen. Noch einmal: »Behüte dein Herz mit allem Fleiß; denn daraus quillt das Leben.«

Bibellese: Micha 6,3–8

Fragen zum Nachdenken: Denken Sie doch einmal darüber nach, wie viel Zeit Sie im Laufe einer Woche wirklich den Bedürfnissen Ihres inneren Menschen widmen. Haben Sie den Eindruck, dass Sie sich ausreichend um Ihr geistliches Leben mit Gott kümmern? Wenn nicht: Was könnten Sie tun, um das zu ändern?

Reisenotizen

26. Tag

Zu zweit geht es leichter

Jonathan bat David: »Schwör mir,
dass du dich so sicher daran halten wirst,
wie du mich heute als deinen Freund liebst.«
Jonathan liebte David nämlich wie sein eigenes Leben.
1. Samuel 20,17 (Hfa)

Tiefe Freundschaft ist eine besondere Frucht der Liebe

Liebe sucht immer den anderen, sehnt sich nach Nähe, nach Treue und Verlässlichkeit. Durch die Jahrtausende, in allen Kulturen und als Zeugnis in der Weltliteratur erklingt das Lied tiefer Freundschaft.

In John Grishams Roman »Die Begnadigung« überlebt der untergetauchte Joel Backman nur, weil seine Freundin ihn ohne Rücksicht auf ihre eigene Situation vorbehaltlos liebt.

Ohne seinen Freund Sam hätte Frodo es nicht geschafft, den Einen Ring zum Schicksalsberg nach Mordor zu bringen. Ihre Freundschaft rettet in dem Roman »Der Herr der Ringe« von J. R. R. Tolkien die Zukunft von Mittelerde.

Was wären Old Shatterhand ohne Winnetou, Gawain ohne Lancelot, Kapitän Hornblower ohne seinen Ersten Offizier?

Was sich in den unzähligen literarischen Geschichten als immer wiederkehrendes Thema entfaltet, hat seinen Grund in Gottes Willen. Wir Menschen sind nach seinem Bild geschaffen, daher suchen und lieben wir Gemeinschaft.

David findet in Jonathan einen wirklichen Freund, Elia in Elisa, Maria in Elisabeth, Paulus in Lukas. Jesus selbst hat sich ebenfalls nach menschlicher Nähe gesehnt, hat gelitten, als er in seiner schwersten Stunde allein war, und hatte in Johannes einen Freund, der ihm näher stand als die anderen Jünger. Von Martha und Maria und ihrem Bruder

Lazarus heißt es ausdrücklich, dass sie Jesus besonders nahe standen. »Jesus hatte Martha, ihre Schwester Maria und Lazarus lieb« (Johannes 11,5; Hfa).

Gott hat uns mit diesem Wunsch nach Gemeinschaft, mit unseren Emotionen und dem Bedürfnis nach menschlicher Nähe und Annahme geschaffen. So unterschiedlich wir auch sind, so vielfältig in unseren Gaben, so verschieden die Kulturen – wir brauchen einander und lieben gerade das, was wir selbst nicht haben.

Die bunte Vielfalt der Menschen macht das Zusammenleben erst wirklich interessant, aber auch kompliziert. Wir werden nicht mit jedem Menschen Freundschaft schließen. Die einen sind uns auf den ersten Blick sympathisch, die anderen eher nicht. Bei den einen fühlen wir uns zu Hause, bei anderen suchen wir lieber das Weite.

Die Gemeinschaft mit Menschen, die ähnlich empfinden wie wir, die für uns etwas Besonderes sind, tut uns unendlich gut. Freundschaft bedeutet: Ich kann mich auf den anderen verlassen, er ist loyal, steht zu mir und ist für mich da.

Jede echte Freundschaft lässt uns erahnen, wie Gott für uns empfindet. Jesus selbst bezeichnet die Menschen, die ihm vertrauen und mit ihm unterwegs sind, immer wieder als seine Freunde. »Ich nenne euch nicht mehr Knechte; denn einem Knecht sagt der Herr nicht, was er vorhat. Ihr aber seid meine Freunde; denn ich habe euch alles gesagt, was ich vom Vater gehört habe« (Johannes 15,15; Hfa).

Wie gut tut uns die Gemeinschaft mit Menschen, die uns ohne viele Worte verstehen, die ähnlich denken und empfinden wie wir. Ein solches Geschenk gibt uns, wonach wir immer wieder suchen: Verbindlichkeit, Verständnis, Treue und Wertschätzung.

Das Bibelwort für den heutigen Tag beschreibt das freundschaftliche Verhältnis zwischen David und Jonathan. Dass ausgerechnet die beiden Freunde wurden, war alles andere als selbstverständlich. Jonathan war der Sohn von Saul, des Königs von Israel. Der sah in dem jungen David von Anfang an einen Konkurrenten. Zu Recht, denn David sollte nach dem Willen Gottes an Sauls Stelle König werden.

Trotzdem freundeten sich Jonathan und David an. Ihre Freundschaft war stärker als der Jähzorn und die Eifersucht des Königs, stärker als falsche familiäre Rücksichtnahme und eigene Ambitionen. Ihre Freundschaft wurde zu einem Segen für beide. Jonathan ist ein Vorbild an Integrität und Treue.

Wir sind nicht gerne allein, wir brauchen Gemeinschaft, brauchen Freundschaft. Mit den Herausforderungen unseres Alltags kommen wir viel besser klar, wenn da Menschen sind, die an uns denken, mit uns reden, mit uns kämpfen und uns unterstützen. »Einer mag überwältigt werden, aber zwei können widerstehen, und eine dreifache Schnur reißt nicht leicht entzwei« (Prediger 4,12; LÜ).

Eine solche Freundschaft ist ein Segen Gottes, ein echtes Geschenk. Wir können sie nicht »produzieren«, aber wir können dafür offen sein und Gott darum bitten. Wir können den Menschen mit offenen Augen und einem offenen Herzen begegnen und uns überraschen lassen.

26. Tag: Tiefe Freundschaft ist eine besondere Frucht der Liebe

Wer sich auf eine solche Beziehung einlässt, geht aber auch ein Wagnis ein. Man wird verletzlicher, Vertrauen kann enttäuscht, Freundschaft missbraucht werden. Dennoch lohnt es sich. Bitten Sie Gott, aus oberflächlichen Beziehungen Freundschaften entstehen zu lassen. Leben Sie die Liebe Gottes und trauen Sie Ihrem himmlischen Freund zu, dass er Menschen hat, die genau zu Ihnen passen. Sie sind in Gottes Augen unendlich wertvoll und teuer. Er kennt Ihre Bedürfnisse und sorgt sich um Ihre Seele. Vertrauen Sie und wagen Sie es. »Ein Freund liebt allezeit und ein Bruder wird für die Not geboren« (Sprüche 17,17; LÜ).

Bibellese: Prediger 4,8–12

Fragen zum Nachdenken: Was bedeutet mir echte Freundschaft? Bin ich überhaupt bereit, mich auf eine enge, vertrauensvolle und verbindliche Beziehung einzulassen? Und wenn nicht – warum nicht?

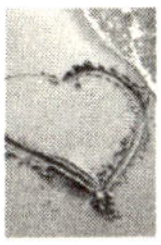

Reisenotizen

27. Tag

Wenn man verschiedene Sprachen spricht

»Der Herr lasse eure Liebe zueinander
und zu allen Menschen wachsen und überströmen,
sodass sie so stark wird wie unsere Liebe zu euch.«
1. Thessalonicher 3,12 (GN)

Liebe macht erfinderisch!

Sie sind über 50 Jahre verheiratet. Wie so oft sitzen sie am Abend vor dem Fernseher und schauen sich ihre Lieblingsserie an. Doch an diesem Abend stimmt etwas nicht. Er merkt, dass seine Frau ungewöhnlich still ist und hin und wieder tief seufzt. Schließlich fragt er sie: »Schatz, was ist denn? Was hast du?« Mit einem weiteren Seufzen antwortet sie: »Ach, weißt du, früher hast du oft meine Hand gehalten.« Er nimmt ihre Hand, aber einige Minuten später seufzt sie erneut. Er fragt irritiert, was denn nun sei, und sie entgegnet: »Ach, Schatz, früher hast du mir immer den Nacken gekrault.« Er krault ihr den Nacken, aber nach einer Weile seufzt sie wieder. Nicht mehr ganz so geduldig fragt er: »Und nun, was ist jetzt noch?« – »Ach, Schatz«, erwidert sie, »weißt du noch? Früher hast du mir hin und wieder zärtlich am Ohr geknabbert.« Er steht auf und verlässt das Zimmer. Sichtlich erschrocken ruft sie hinter ihm her: »Aber, Schatz, wo willst du denn hin?« Daraufhin meint er: »Mein Gebiss holen.«

Man ist seit vielen Jahren verheiratet, hat sich aneinander gewöhnt, das Miteinander ist nichts Besonderes mehr. Wie oft habe ich enttäuschte Frauen klagen hören, dass ihre Männer es nach den vielen Ehejahren so selten sagen: »Ich liebe dich.« Je mehr die Ehefrau es vermisst und ihn das auch wissen lässt, desto mehr zieht der Mann sich zurück. »Wie soll ich dir denn noch sagen, dass ich dich liebe?«, knurrt er seine drängende Frau genervt an. Sie fühlt sich von ihm nicht geliebt; er verweist darauf, dass er für sie sorgt und die Familie ernährt. Beide haben zweifellos Recht und doch reden sie aneinander vorbei.

Wie oft habe ich auch enttäuschte Männer klagen hören, dass sich ihre Ehefrauen rührend um die Kinder, um die Schwiegermutter, Nachbarn und Freunde kümmern, aber nicht mehr um sie. Die Ehe ist nach Jahren des Miteinanders zu einer Lebensgemeinschaft ohne besondere Reize geworden. Man schläft noch miteinander, aber ohne Leidenschaft, so klagt er.

Beide haben Recht, beide vermissen etwas und klagen es ein. Aber wahre Liebe ist anders. Die wichtigste Frage lautet nicht: »Wie komme ich auf meine Kosten?«, sondern: »Was braucht mein Mann, meine Frau?« Im Grunde ganz einfach und von Paulus in 1. Korinther 13, Vers 5 (NL) auf den Punkt gebracht: »Die Liebe ist nicht selbstsüchtig.«

Kennen Sie die Bedürfnisse Ihres Partners, Ihrer Kinder, Ihrer Freunde? Reden Sie darüber? Liebe bemüht sich um den anderen Menschen und versucht zu verstehen. Sie versucht aber auch, sich verständlich zu machen. Liebe zieht sich nicht beleidigt zurück und schweigt. Nicht umsonst werden wir in der Bibel aufgefordert, unsere beleidigte oder verletzte Haltung so schnell wie möglich wieder abzulegen und nicht zuzulassen, dass sich eine verhängnisvolle Situation aufbaut. Die Liebe kennt keinen Rosenkrieg! »Wenn ihr zornig seid, dann macht es nicht noch schlimmer, indem ihr unversöhnlich bleibt. Lasst die Sonne nicht untergehen, ohne dass ihr euch vergeben habt« (Epheser 4,26; Hfa).

27. Tag: Liebe macht erfinderisch!

Es geschieht so leicht, dass man wegen Streit und Missverständnissen, wegen enttäuschter Liebe und erloschener Leidenschaft mutlos wird. *Na, wenn er nicht will, dann soll er es eben bleiben lassen!*, denkt sie. Und er zieht sich zurück, redet nicht mehr mit ihr und denkt an Trennung.

Wie kann die Liebe wieder wachsen? Wie kommen wir einander wieder näher? Ich möchte Ihnen ein Buch empfehlen, das schon so vielen Ehepaaren, aber auch allein Stehenden geholfen hat, den anderen besser zu verstehen und leidvollen Missverständnissen vorzubeugen: »Die fünf Sprachen der Liebe« von Gary Chapman. Meine Frau hat es gelesen und ich habe es gemerkt. Ich habe es gelesen – und meine Frau sagt, sie habe es auch gespürt.

Es gibt nicht nur viele unterschiedliche Sprachen auf der Welt, sondern auch unterschiedliche Reaktionen auf Zuneigungsbekundungen.

Es gibt unterschiedliche Sprachen der Liebe, das heißt, unterschiedliche Arten, durch die man dem anderen Zuneigung und Aufmerksamkeit signalisiert bzw. durch die man diese annimmt. Ein Frau reagiert anders als ein Mann, ein Kind anders als das andere, selbst wenn sie zu derselben Familie gehören.

Das alles schwingt mit, wenn Paulus schreibt: »Der Herr lasse eure Liebe zueinander und zu allen Menschen wachsen und überströmen, sodass sie so stark wird wie unsere Liebe zu euch« (1. Thessalonicher 3,12; GN).

Gott freut sich über ein Gebet um mehr Liebe! Er freut sich über uns, wenn uns das Miteinander in unserer Ehe, in unseren Freundschaften und in der Gemeinde nicht gleichgültig ist. Er freut sich, wenn wir ihn bitten, unsere kalten Herzen anzurühren und sie neu mit seiner Liebe zu füllen.

Unser »Liebestank« muss immer wieder aufgefüllt werden, denn jeden Tag gibt es viele Situationen und Menschen, die etwas daraus »abzapfen«. Ein Leben lang müssen wir daher immer wieder die Nähe Gottes suchen und ihn bitten, uns mit seiner Liebe zu füllen.

Ein paar praktische Tipps:

- Finden Sie sich nicht mit Ihrer Situation ab. Beten Sie um heile Beziehungen und neue Liebe füreinander. Gott erhört Gebete, die nach seinem Willen sind.
- Verlassen Sie den Trott gewohnter Wege. Wagen Sie es, neue Schritte der Liebe zu gehen. Langeweile ist tödlich. Gott will uns in die Weite führen. Fangen Sie heute damit an, größer, weiter zu denken.
- Entdecken Sie die Möglichkeiten, die Gott für Sie hat. Entdecken Sie die unterschiedlichen Arten, mit denen Sie Ihrer Liebe Ausdruck verleihen können. Lassen Sie sich etwas einfallen. Liebe ist unglaublich erfinderisch.
- Lesen Sie das Buch »Die fünf Sprachen der Liebe«. Es ist interessant zu lesen und ungemein hilfreich. Sprechen Sie mit Ihrem Ehepartner, mit Ihrem Freund über Ihre Sprache der Liebe. Alles verändert sich, wenn wir einander verstehen und die richtige Sprache sprechen.

Bibellese: 1. Johannes 3,13–24

Fragen zum Nachdenken: Wie gut kennen Sie sich wirklich? Wissen Sie noch, was er besonders gerne mag, was sie sich so sehr wünscht? Was hält Sie davon ab, ihn/sie heute positiv zu überraschen?

Reisenotizen

28. Tag

Geben ist seliger als nehmen

»Helft einander, eure Lasten zu tragen.
So erfüllt ihr das Gesetz, das Christus uns gibt.«
Galater 6,2 (GN)

Liebe verschenkt sich

Ein Mann hatte die Möglichkeit, in einer Welt zu leben, in der sich jeder Wunsch erfüllte, wenn man ihn nur dachte. Er wünschte sich eine großzügige Villa – und *zack*: Vor ihm stand ein Traumhaus mit drei Schlafzimmern, fünf Bädern und einem riesigen Swimmingpool. Er wünschte sich einen BMW Z4 – und *zack*: Vor ihm stand das schnelle Gefährt. Er wünschte sich nach einer Traumreise ein gutes Essen – und *zack:* Es stand auf dem Tisch.

Er wünschte sich eine schöne Frau und dann noch eine – auch diese Wünsche wurden ihm erfüllt. Er bekam einfach alles, was er nur wollte. So ging es eine ganze Zeit lang, aber ihm wurde immer elender zu Mute, und er begann, sich zu langweilen!

Schließlich sagte er mit bebender Stimme: »Ich wünschte, ich käme hier raus. Ich will etwas wieder selbst machen, etwas selbst erreichen können. Ich wäre lieber in der Hölle anstatt hier.« Da beugte sich einer der Diener zu ihm und flüsterte ihm ins Ohr: »Was meinst du wohl, wo du bist?«

Manchmal erträumen wir uns ein perfektes Leben nach dem Slogan »Das haben wir uns verdient!«: eine Insel der Liebenden, des Glücks, die Erfüllung all unserer Wünsche, der Jackpot, das unerwartete Millionenerbe. Aber glauben wir wirklich, glauben *Sie* wirklich, dass die Erfüllung all Ihrer Wünsche Sie schlussendlich glücklich machen würde? Wenn wir ehrlich sind, wissen wir, dass »genug« niemals genug ist. Im Fernsehen, in den Zeitschriften – überall können wir etwas über das zwischenmenschliche Elend in den Häusern der Reichen erfahren. Wie viel Leid verbirgt sich hinter den hohen Mauern um das Leben der Schönen und Berühmten in dieser Welt.

Wissen Sie, was Glück in seinem ursprünglichen Sinn bedeutet? Das Wort beschreibt einen Zustand, in dem jemand Heil erfährt und sein Leben gelingt. Aber genau das geschieht nicht, wenn sich all unsere Wünsche erfüllen. Wenn wir alles haben, alle materiellen Wünsche erfüllt sind, bedeutet das noch längst nicht, dass wir auch glücklich sind. Bestenfalls gilt: Geld macht nicht glücklich, aber es beruhigt die Nerven.

Zu einem heilen und erfüllten Leben gehört mehr als das. Nicht, wer immer mehr will und es auch bekommt, hat das große Los gezogen, sondern derjenige, der begreift, dass viel größere Erfüllung und Zufriedenheit mit dem Geben und Teilen verbunden ist. Knapp und treffend steht es in der Bibel: »Damit habe ich euch zeigen wollen, wie man arbeiten muss, um den Armen zu helfen und das zu erfüllen, was unser Herr selbst gesagt hat: Geben macht glücklicher als nehmen« (Apostelgeschichte 20,35; Hfa).

Liebe gibt gerne, Liebe öffnet die Hand, Liebe plündert das eigene Konto, um großzügig zu teilen. Liebe hat einen Blick für den Nächsten, sieht seine Bedürftigkeit und hilft gerne.

Menschen, die mit Gottes Liebe erfüllt sind, machen (hoffentlich) einen sehr glücklichen Eindruck, völlig unabhängig von ihren wirtschaftlichen Verhältnissen. Gott hat sie mit seiner Liebe angesteckt; er hat sie von der Last befreit, immer mehr haben zu müssen. Stattdessen haben sie ein Herz für die Menschen, die ihre Hilfe brauchen. »Glücklich sind die Barmherzigen, denn sie werden Barmherzigkeit erlangen« (Matthäus 5,7; LÜ). Sie haben entdeckt, wie glücklich es macht, dem Vorbild Jesu nachzueifern und vor allem anderen mit ihm verbunden zu sein. »Habt im Umgang miteinander stets vor Augen, was für einen Maßstab Jesus Christus gesetzt hat« (Philipper 2,5; GN) und: »Helft einander, eure Lasten zu tragen. So erfüllt ihr das Gesetz, das Christus uns gibt« (Galater 6,2; GN).

Doch wenn wir ehrlich sind, fällt es uns schwer, dies zu glauben und umzusetzen. Geben statt zu nehmen, Zeit für andere zu haben, anstatt sie für sich selbst zu verwenden, Verantwortung für die Armen und Leidtragenden zu übernehmen – das ist anstrengend und in unseren Augen kaum ein Rezept zum Glücklichsein.

Sofort fallen uns Menschen ein, die das sicherlich ausnutzen würden, Personen, die uns auf die Nerven gehen. Wir verwahren uns gegen die Gefahr, ausgenutzt zu werden. Wir schütteln den Kopf über die Unfähigkeit so vieler Zeitgenossen, ihr Leben in den Griff zu bekommen. Nur zu gerne lehnen wir es ab, Verantwortung zu übernehmen, und sagen: »Was geht das mich an?«

Doch der Heilige Geist lässt uns nicht in Ruhe. »Geben macht glücklicher als nehmen!«, mahnt er. »Helft einander, eure Lasten zu tragen. So erfüllt ihr das Gesetz, das Christus uns gibt«, so erinnert er uns. »Nehmt euch gegenseitig an, so wie ihr seid, denn auch Christus hat euch ohne Vorbehalte angenommen«, schießt es uns durch den Kopf. Wie beschenkt sind wir durch die Liebe Gottes! Wie glücklich können wir uns schätzen, dass Jesus uns so sehr liebt, ohne Vorbehalte, immer schon, lange bevor wir überhaupt davon gehört haben.

28. Tag: Liebe verschenkt sich

Seltsam, daran haben wir uns fast gewöhnt. Jesus nimmt uns an, wie wir sind. Er schenkte uns seine Liebe und wir freuen uns über die Vergebung. Aber wenn es auf unsere Liebe ankommt, dann kneifen wir.

Wer nicht bereit ist, die Lasten anderer mitzutragen, der ist auch nicht wirklich bereit zu lieben. Vielleicht lebt er das, was er unter »Liebe« versteht. Es ist aber nicht die Liebe, zu der Gott uns auffordert und zu der er uns durch Jesus Christus befähigt. Und so verpassen wir das Glück wirklicher Hingabe. Wir lernen dieses Geheimnis nicht kennen.

Wenn wir die Bibel ernst nehmen, dann liegt hier der Schlüssel zu einem glücklichen, erfüllten Leben: Tragen Sie aus Liebe zum Nächsten seine Lasten mit ihm. Sie beschenken ihn mit der Liebe, die er so nötig braucht. Und Sie machen Ihr eigenes Leben reich, weil die gelebte, praktische, konkrete Liebe die Herrlichkeit Gottes in Ihrem Leben aufleuchten lässt.

Bibellese: Johannes 13,1–15

Fragen zum Nachdenken: Wie haben Sie auf die Bitte um Hilfe reagiert, die jemand aus Ihrem Bekanntenkreis ausgesprochen hat? Beten Sie regelmäßig für Menschen, die eine große Last zu tragen haben?

Reisenotizen

29. Tag

Gott ist Liebe

»Die Liebe ist nicht selbstsüchtig.«
1. Korinther 13,5 (NL)

Liebe hat den Nächsten im Blick

Die Bibel ist manchmal so einfach und klar: Wer sagt, dass er Gott liebt, wird das durch sein Leben sichtbar machen. So einfach ist das. Der Apostel Johannes schreibt: »Wer nicht liebt, hat Gott nicht erkannt; denn Gott ist Liebe« (1. Johannes 4,8; GN). Und Jesus sagt: »Daran wird jedermann erkennen, dass ihr meine Jünger seid, wenn ihr Liebe untereinander habt« (Johannes 13,35; LÜ) Das ist nicht schwer zu verstehen, aber wir empfinden es als schwierig. Aus diesem Grund versuchen wir, den damit verbundenen Anspruch herunterzuspielen, oder versuchen es erst gar nicht, die biblische Vorgabe zu leben. G. K. Chesterton hat einmal gesagt: »Das Christentum wurde nicht versucht und für untauglich befunden; es wurde für schwierig befunden und blieb unversucht.«

Wollen Sie dazulernen? Wollen Sie Jesu Vorbild folgen und ein Mensch werden, in dessen Leben die Liebe Gottes sichtbar wird? Dann tun Sie, was Sie verstanden haben. Gott gibt Ihnen genügend Gelegenheiten zu beweisen, dass Sie ihn lieben.

Eine junge Frau, die Mitglied unserer Gemeinde war, erkrankte an Krebs. Wochenlang konnte sie sich nicht um ihren Mann und ihre vier Kinder kümmern. In dieser Zeit wurde für uns sichtbar, was Gemeinde sein kann. Jeden Tag wurde für die Familie gekocht. Frauen besuchten sie, putzten, versorgten die Wäsche und halfen den Kindern bei den Schulaufgaben. Die Liebe Gottes wurde durch diese ganz praktischen Dinge sichtbar. Das gehört dazu, wenn wir von der Liebe Gottes sprechen. Wie schreibt Johannes: »Wer nicht liebt, hat Gott nicht erkannt.«

Liebe ist immer auf den anderen gerichtet, sie will ihm bzw. ihr Gutes tun, sie will helfen, lindern, erfreuen, schützen, bewahren, positiv überraschen ... Liebe sucht nicht den eigenen Vorteil. Und genau hier wird es schwierig, denn dieses Konzept widerspricht unserer egoistischen Natur.

Wir haben fünf Kinder, haben ihr Heranwachsen genossen, viel gelacht, manchmal auch geweint und sind froh, dass sie fröhliche Menschen geworden sind, Menschen, die mit Jesus unterwegs sind. Wie stolz waren wir, als sie endlich »Papa« und »Mama« sagen konnten. Das nächste Wort muss aber wohl »mein« gewesen sein. Zumindest bei den jüngeren Kindern, wenn es darum ging, die Besitzverhältnisse unter den Geschwistern zu regeln.

Mit den Jahren wird es bestimmter: Mein! Es geht verständlicherweise erst einmal um mich, ein Leben lang. Wir haben Mühe, die Interessen des anderen zu erkennen. Wir können kaum glauben, dass Menschen sich selbst vergessen und uneigennützig für andere da sind. Aus diesem Grund wurde Mutter Teresa auch gleich selig gesprochen und Albert Schweitzers Engagement in Afrika zum viel bestaunten Vorbild.

Es ist und bleibt schwierig: Sich selbst zurückzunehmen und das Wohl des anderen zu suchen, Gottes Sache über die eigene zu stellen – vielen scheint der Preis zu hoch.

Aber genau hier offenbart sich das Wesen Gottes und sein Wille für unser Leben. Im 1. Johannesbrief, Kapitel 4, Vers 9 lesen wir (GN): »Dadurch ist Gottes Liebe unter uns offenbar geworden, dass er seinen einzigen Sohn in die Welt sandte. Durch ihn wollte er uns das neue Leben schenken.« Gott lässt seinen Sohn los. Er gibt ihn für uns. Er lässt seine Liebe sichtbar werden. In der Bibel heißt es, dass Jesus sich für uns hingab. Er war bereit, für uns zu sterben. Gibt es einen größeren Ausdruck der Liebe, als dass jemand bereit ist, für uns in den Tod zu gehen? »Die größte Liebe beweist jemand, der sein Leben für die Freunde hingibt« (Johannes 15,13; Hfa).

Wer versteht das? Wer will das? Heutzutage leben die Menschen anders. Die Werbung verbreitet in Zeitungen, Radio und Fernsehen mit ihrem pausenlosen Bombardement eine andere Botschaft: »Geiz ist geil«, »Sie haben es sich verdient«, »Weil ich es mir wert bin« oder: »Denken Sie mal wieder an sich«. Als ob wir das nicht schon oft genug täten.

Im Gewühl eines Supermarktes wird die kleine Tochter einfach umgerissen. Sie fällt auf den Hinterkopf und bleibt bewusstlos liegen. Kein Mensch kümmert sich um sie. In der Hektik des Feierabendeinkaufs bleibt die Kleine liegen, bis ihre Mutter sie entdeckt, sich um sie kümmert und mit ihr ins Krankenhaus fährt. Kein Mensch hilft ihr, keiner schiebt ihren Einkaufswagen. Es ist ein kalte Welt, in der wir leben.

Da klingt unser Vers aus 1. Korinther 13, als käme er aus einer völlig anderen Welt: »Die Liebe ist nicht selbstsüchtig.« Genau, er stammt auch aus einer anderen Welt, nämlich aus der Welt Gottes. Und der Herr dieser anderen Welt sagt zu seinen Nachfolgern: »Wer mir nachfolgen will, der darf nicht mehr an sich selbst denken, sondern muss sein Kreuz willig auf sich nehmen und mir nachfolgen. Wer sein Leben um jeden Preis erhalten will, der wird es verlieren. Wer aber sein Leben für mich einsetzt, der wird es für immer gewinnen« (Markus 8,34–35 Hfa).

29. Tag: Liebe hat den Nächsten im Blick

Klingt verrückt, nicht wahr? Und das ist es auch, im wahrsten Sinne des Wortes »ver-rückt«! Es ver-rückt unsere egoistische Haltung, es befreit uns von dieser unheimlichen Selbstbezogenheit und macht uns zu Menschen Gottes, die mit der Liebe Gottes erfüllt sind. Herrlich, einfach herrlich!

Bibellese: Philipper 2,1–11

Frage zum Nachdenken: Welchem Menschen könnte ich heute etwas Gutes tun, einfach so?

Reisenotizen

30. Tag

Freundschaft ohne Vorbedingungen

»Gott aber hat uns seine große Liebe gerade dadurch bewiesen, dass Christus für uns starb, als wir noch Sünder waren.«
Römer 5,8 (Hfa)

Ein Vater mit offenen Armen

Der Arzt Lukas überliefert uns im 15. Kapitel seines Evangeliums eine der schönsten Beispielgeschichten, die Jesus Christus erzählt hat, als er auf dieser Erde lebte. Sie handelt von einem Sohn und seinem Vater.

Der Sohn verletzt seinen Vater sehr, indem er ihn missachtet und kränkt. Er kümmert sich überhaupt nicht um die Interessen seines Vaters, lebt aber auf dessen Kosten und hält dies für das Natürlichste auf der Welt. Schließlich lässt er sich sogar sein Erbe auszahlen und verlässt den väterlichen Hof.

Und der Vater lässt ihn ziehen. Kaum zu glauben, aber wahr. Er zahlt ihm sein Erbe aus und der Junge zieht los. Ohne Bedauern, weg ist er. Er will auf den Putz hauen, sich die Hörner abstoßen, er will das Leben genießen.

Das tut er dann auch. Er führt das Leben eines verwöhnten Jungen aus reichem Hause, wirft das Geld zum Fenster hinaus und wäre in unserer Zeit ein beliebtes Thema für die Regenbogenpresse gewesen.

Doch dann hat er all das Geld ausgegeben und unser Held gerät in arge Schwierigkeiten. Als nichts mehr geht, er fast am Verhungern ist, da besinnt er sich: »Wie gut hätte ich es jetzt bei meinem Vater. Ich vermisse ihn. Ich will zurück zu meinem Vater gehen.«

Wenn man diese Geschichte liest, hält man spätestens jetzt den Atem an. Wie wird der Vater reagieren? Da kann es doch nur eine angemessene Antwort geben! Jetzt ist Zahltag. Jetzt wird der Sohn ernten, was er gesät hat. Wer sich seinem Vater gegenüber so schäbig, so rücksichtslos, wer sich so egoistisch verhält, der kann sich auf etwas gefasst machen.

Aber die Geschichte, die Jesus erzählt, geht ganz anders weiter, als wir dies erwarten. Als der Sohn in die Nähe des Hauses kommt, sieht ihn der Vater von weitem und läuft ihm entgegen. Und was macht er dann? Er umarmt ihn, küsst ihn und jubelt vor Freude: »Mein Sohn ist zurückgekehrt, er war tot, doch jetzt lebt er wieder.« Wir schütteln den Kopf: Das gibt es doch nicht, das ist nicht fair. Das hat der Sohn nicht verdient.

Warum erzählt Jesus diese Geschichte? Weil Gott – unser himmlischer Vater – so ist. Wir Menschen reagieren anders, aber so ist Gott. Gott wartet nur darauf, dass die Menschen sich ihm wieder zuwenden, dass Sie und ich uns auf den Weg zurück zum Vater machen. Wir bekommen nicht, was wir verdient hätten.

Jesus möchte uns mit dieser Geschichte Mut machen. Wer zu Gott umkehrt, darf kommen, wie er ist. Die persönliche Beziehung zu Gott ist ohne Vorbedingungen möglich. Gott hat schon lange vorher dafür gesorgt, dass das möglich ist. Paulus schreibt dies sehr deutlich in seinem Brief an die Römer, Kapitel 5, Vers 8 (Hfa): »Gott aber hat uns seine große Liebe gerade dadurch bewiesen, dass Christus für uns starb, als wir noch Sünder waren.«

Gottes Liebe ist so stark, dass sie sogar unsere Feindschaft, Ablehnung und Ignoranz überwindet. Seine Liebe macht sich auf den Weg, ohne zu wissen, ob diese Liebe von uns Menschen erwidert wird. Das ist ein großes Risiko, denn es tut weh, wenn Liebe verschwendet wird, ohne auf Gegenliebe zu stoßen. Vor allem, weil Gott das gab, was ihm am liebsten und wertvollsten war: seinen eigenen Sohn. Und weil dieser Sohn, Jesus, für unsere Schuld starb, sind alle Vorbedingungen erfüllt.

Daher wünscht sich Gott, dass alle Menschen seine Liebe erfahren. Jeder kann diese Liebe annehmen. Sie ist umsonst. Es sind keine Bedingungen daran geknüpft. Wir müssen nicht zuerst ein perfektes Leben führen. Wir müssen nicht erst einen Beweis erbringen, dass wir es auch besser machen können. Nein, zu Gott kann jeder so kommen, wie er ist. Wir Menschen sind herzlich eingeladen; Gott wirbt mit seiner Liebe um uns. »Kommt alle her zu mir, die ihr müde seid und schwere Lasten tragt, ich will euch Ruhe schenken« (Matthäus 11,28; NL).

Jesus steht mit offenen Armen da und sagt: »Komm!« Er bietet seine Freundschaft an, an die keine Bedingungen geknüpft sind. Nur eines ist nötig: Wir müssen kommen, und ob wir dies tun, ist Ihre und meine Entscheidung.

Das Angebot steht. Es gilt mir und meiner Frau. Es gilt meinen Kindern und meiner Verwandtschaft. Es gilt meinen Freunden und Bekannten, es gilt den Menschen in unserer Straße, in unserer Stadt. Jesus wünscht sich so sehr, dass Menschen sich auf den Weg machen und bei ihm ankommen. Wer ankommt, der ist sicher, der kommt nach Hause und erlebt, wie die Schuld der Vergangenheit vergeben und vergessen ist. Wir müssen nur eines tun: umkehren und uns auf den Weg zu ihm machen.

30. Tag: Ein Vater mit offenen Armen

Das ist nicht immer leicht. Lesen Sie die Geschichte in Lukas 15 nach. Der Sohn geht einen schweren Weg nach Hause. Zu viel ist passiert, zu viel schief gelaufen. Aber nur weil er losgeht, kann er die Erfahrung machen, dass alles bereit und dass er willkommen ist!

»Nachdem wir durch den Glauben von unserer Schuld freigesprochen sind, steht nun nichts mehr zwischen uns und Gott. Wir haben Frieden mit ihm. Wem verdanken wir das? Allein Jesus Christus« (Römer 5,1; Hfa).

Bibellese: Lukas 15,11–25

Frage zum Nachdenken: Was bedeutet es heute für mich, dass Gott mich so liebt, wie ich bin?

Reisenotizen

31. Tag

Fehler zugeben können

»Ich habe dich je und je geliebt;
darum habe ich dich zu mir gezogen aus lauter Güte.«
Jeremia 31,3 (LÜ)

Wir bekommen nicht, was wir verdient hätten

Den Satz »Fehler macht jeder« gebrauchen wir häufig und er kommt uns leicht über die Lippen. Solange diese Wahrheit uns nicht betrifft und allgemein ausgesprochen wird, führen wir sie immer wieder an oder nicken bestätigend, wenn jemand sie zitiert.

Ganz anders dagegen ist es, wenn es um ganz konkrete, persönliche Fehler geht. Es gibt wohl wenig im Leben, das schwerer fällt.

Kennen Sie die Situation: Sie sind mit dem Auto unterwegs und wissen eigentlich genau, wo Sie hinwollen. Aus irgendeinem Grund gestaltet sich die Fahrt jedoch schwieriger als erwartet. Ihre Frau versucht vorsichtig, Sie darauf hinzuweisen, dass Sie womöglich falsch abgebogen sein könnten. Sie macht den Vorschlag umzukehren. Niemals! Sie macht den Vorschlag, nach dem Weg zu fragen. Als ob *Sie* das nötig hätten! Es muss schon sehr dicke kommen und viel Zeit vergehen, bis Sie anhalten und dann doch nach dem Weg fragen. Man sagt, es wäre hauptsächlich ein Problem der Männer, doch was soll's. Dieses Beispiel zeigt auf jeden Fall, wie schwer wir uns damit tun, von einem falschen Weg umzukehren. Wer Fehler zugibt, macht sich verletzlich und befürchtet, andere könnten diese Schwächen ausnutzen. Das fällt uns einfach schwer. Das lässt unser Stolz nicht zu.

In der Bibel wird sehr offen über Fehler und über Schuld gesprochen. Sie macht deutlich: Kein Mensch ist fehlerlos, es gibt niemanden, der ohne Schuld durchs Leben geht. Klar und eindeutig heißt es dort: »Alle sind schuldig geworden und haben die Herrlichkeit verloren, in der Gott den Menschen ursprünglich geschaffen hatte« (Römer 3,23; GN).

Es hat also keinen Sinn, diese Schuld wegzureden, unter den Teppich zu kehren oder gar totzuschweigen. Gott erwartet von uns Menschen nur das eine: dass wir unsere Fehler, unsere Schuld zugeben.

In einer bewegenden Geschichte aus Thailand berichtet Floyd McClung von Sawat. Es ist sozusagen eine moderne Version der Geschichte vom verlorenen Sohn, die wir gestern betrachtet haben: Sawat hatte seinen Vater sehr verletzt und war von zu Hause weggerannt. Er war ins Drogengeschäft eingestiegen. Später wurde er Zuhälter und scheute sich nicht, zehnjährige Mädchen in die Prostitution zu führen. Als dies im Dorf seines Vaters bekannt wurde, hatte die ganze Familie unter dem schlechten Ruf dieses Sohnes zu leiden. Aber dann wurde Sawat von den Behörden gefasst und verurteilt. Sein Fall war so tief, dass er schließlich auf dem städtischen Müllgelände lebte. Er wäre gern nach Hause zurückgekehrt, aber er konnte sich nicht vorstellen, dass sein Vater ihn jemals wieder in seine Arme schließen würde. Dennoch sehnte er sich danach, wieder nach Hause kommen zu dürfen.

Schließlich entschloss er sich, einen Brief zu schreiben: »Lieber Vater, ich möchte nach Hause kommen, aber ich weiß nicht, ob du mich nach all dem, was ich getan habe, noch aufnehmen wirst. Ich habe schwer gesündigt, Vater. Bitte vergib mir. Am Samstagabend werde ich in dem Zug sitzen, der durch unser Dorf fährt. Wenn du immer noch auf mich wartest, hänge bitte ein Stück weißen Stoff an den Baum, der vor unserem Haus steht.«

Während der Zugfahrt dachte er über sein bisheriges Leben nach. Er wusste, dass sein Vater allen Grund hatte, sich zu weigern, ihn jemals wieder zu sehen. Als der Zug sich schließlich dem Dorf näherte, war er voller Angst. Was sollte er tun, wenn kein weißes Stück Stoff am Baum hing? Schließlich konnte Sawat die Spannung nicht länger ertragen. Er schüttete einem Mitreisenden sein Herz aus und erzählte ihm die ganze Geschichte. Als sie in das Dorf einfuhren, sagte er: »Mein Herr, ich kann einfach nicht hinschauen. Könnten Sie für mich Ausschau halten? Was soll ich tun, wenn mein Vater mich nicht in sein Haus aufnimmt?« Sawat vergrub sein Gesicht in seinen Händen. »Können Sie es sehen? Es ist das einzige Haus mit einem Baum!«

»Junger Mann, Ihr Vater hat nicht nur ein Stück Stoff aufgehängt, er hat den ganzen Baum mit weißen Stoffstücken behängt!«

Sawat traute seinen Augen kaum. Dort stand der Baum, ganz in Weiß gehüllt, und vor dem Haus tanzte sein Vater und schwenkte voller Freude ein Stück weißen Stoffes! Dann rannte er neben dem Zug her, und als dieser anhielt, lief er seinem Sohn mit ausgebreiteten Armen entgegen und umarmte ihn unter Freudentränen.

»Ich habe so auf dich gewartet!«, rief er aus.

Genauso wartet Gott auf uns. Der Prophet Jeremia fasst dies prägnant in Worte: »Ich habe dich je und je geliebt; darum habe ich dich zu mir gezogen aus lauter Güte« (Jeremia 31,3; LÜ). Gottes Liebe zu uns verändert sich nie. Gott wünscht sich eine herzliche Beziehung zu uns, aber unsere Schuld trennt uns von ihm. »Eure Schuld – sie steht wie eine Mauer zwischen euch und eurem Gott! Eure Sünden verdecken ihn, darum hört er euch nicht« (Jesaja 59,2; Hfa). Gott wünscht sich nichts sehnlicher, als dass wir beginnen, diese Mauer mit seiner Hilfe niederzureißen.

31. Tag:
Wir bekommen nicht, was wir verdient hätten

Wenn wir die Zehn Gebote anschauen – Sie können Sie in 2. Mose, Kapitel 20 nachlesen –, können wir sehen, wie Gott sich die Beziehung zu ihm und unter uns Menschen wünscht. So soll es sein. Das ist sein erklärter Wille. Die Zehn Gebote können uns die Augen öffnen und erkennen lassen: Wir brauchen Hilfe und müssen offen eingestehen: »Ja, ich bin schuldig.«

Und es tut wirklich gut, wenn wir dann alles aussprechen und loslassen können und wissen, es ist vergeben. Vergeben heißt, es ist weg. Wenn etwas schon vergeben ist, dann ist es nicht länger greifbar. So macht es Gott mit unserer Schuld. Darum ist es gut, die Dinge einmal beim Namen zu nennen. Vielleicht sogar im Gespräch mit jemandem, der einem dann die Vergebung zuspricht.

Bibellese: 1. Johannes 1,5–2,2

Frage zum Nachdenken: Was kann ich von meiner Seite aus tun, um die Mauer zwischen mir und Gott einzureißen? Mit wem sollte ich einmal darüber reden?

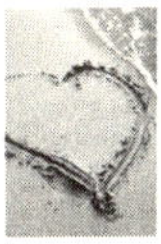

Reisenotizen

32. Tag
Die Freundschaft mit Gott beginnen

»So sehr hat Gott die Welt geliebt,
dass er seinen eingeborenen Sohn gab,
damit alle, die an ihn glauben, nicht verloren werden,
sondern das ewige Leben haben.«
Johannes 3,16 (LÜ)

Gott lädt uns ein

Der oben stehende Vers aus dem Johannesevangelium ist das Herzstück des Evangeliums – die Gute Nachricht in einen Satz. Besser kann man Gottes Absicht mit uns Menschen nicht in einen Satz fassen. Das ist einfach großartig! Auch wenn Sie keinen einzigen Bibelvers auswendig kennen, den sollten Sie einfach lernen.

Der Vers ist Teil einer besonderen Geschichte, die für unsere Beziehung zu Gott von ganz entscheidender Bedeutung ist. Mitten in der Nacht kam ein Mann zu Jesus, um mit ihm über etwas zu sprechen, das ihn sehr beschäftigte. Dieser Mann – sein Name war Nikodemus – hatte einige brennende Fragen über die Beziehung zwischen Menschen und Gott. Er kam in der Nacht, da er Angst hatte, man könnte ihn dabei beobachten, denn er war ein angesehener Theologe, und niemand sollte sehen, dass er Kontakt zu diesem Jesus hatte. Er wollte ihm einige Fragen stellen, Fragen, deren Antworten er eigentlich kennen sollte. Ihn trieb die tiefe Sehnsucht nach einer echten Beziehung zu Gott. Er wollte Jesus fragen, wie man Gott besser kennen lernen kann.

Wie viele andere Menschen wusste Nikodemus viel über Gott, ja, er glaubte an Gott. Trotzdem fehlte ihm was. Er wusste eine ganze Menge, aber er hatte keine echte Beziehung zu Gott. An den Fragen, die er Jesus stellte, spürt man, dass er bei diesem nach etwas suchte, das er in seinem Leben vermisste. In ihm war die Sehnsucht nach einer anderen, nach einer persönlichen Gottesbeziehung.

Damals bestand die Gottesbeziehung bei vielen Menschen nur im Halten religiöser Vorschriften. Bei uns in Deutschland ist dies mit der Kirchenzugehörigkeit, der Taufe oder der Konfirmation vergleichbar. Viele Menschen sind auf dem Papier Mitglieder der Kirche, aber es hat keine Auswirkung auf ihr Leben. Gott ist nicht Bestandteil ihres Alltags.

Wer in einer Beziehung lebt, weiß, dass dazu tägliche Kommunikation, Vertrauen und viele Gemeinsamkeiten gehören. Und dasselbe gilt auch für die Freundschaft mit Gott.

Jesus erklärt, dass eine solche Freundschaft ein eigener selbstständiger Entschluss sein muss. Es ist so, als ob man das Leben noch einmal beginnt. Es ist eine Neu-Geburt. Natürlich verändert man dabei nicht das Aussehen und man wird auch nicht wieder ein kleines Baby. Dennoch wird man innerlich ein neuer Mensch. Man wird ein Mensch, der von Gott geboren ist, das heißt, in den Gott etwas hineingibt, das ewig ist. Gott nimmt unsere Gebete sehr ernst und mit einem Gebet der Hingabe kann diese Neugeburt vollzogen werden.

Nikodemus hatte sich damals genau an die richtige Person gewandt, denn Jesus ist derjenige, der uns den Weg zu einer persönlichen und freundschaftlichen Beziehung zu Gott ebnet. Das macht er deutlich, wenn er sagt: »Ich bin der Weg und die Wahrheit und das Leben; niemand kommt zum Vater als nur durch mich« (Johannes 14,6; ELB).

Gleichgültig, welche Rolle Gott bisher in Ihrem Leben gespielt hat: Wenn Sie diese Sehnsucht haben, wenn Sie innerlich wissen: »Ich will mehr, ich will einen neuen Weg einschlagen, ich will diese enge Freundschaft, ich will Jesus«, dann kann dieser Tag ein sehr entscheidender Tag in Ihrem Leben werden.

Gott lädt Sie heute ein, mit ihm und zu seiner Ehre zu leben, indem Sie seine Absichten für Ihr Leben verfolgen. Er wird Ihnen ein Leben schenken, das diesen Namen wirklich verdient. Echtes Leben fängt damit an, dass Sie Jesus Christus in Ihr Leben einladen. Wenn Sie sich nicht sicher sind, dass Sie das schon getan haben, müssen Sie nichts weiter tun als »zu empfangen und zu glauben«: »Denen aber, die ihn aufnahmen, gab er die Macht Gottes Kinder zu werden, denen, die an seinen Namen glauben« (Johannes 1,12; LÜ). Werden Sie seine Einladung annehmen?

32. Tag:
Gott lädt uns ein

Vielleicht fragen Sie sich jetzt, wie dies im Einzelnen geht. Es ist ein klarer, eindeutiger Schritt. Sie nehmen die Einladung Gottes, sein Kind zu werden, an, indem Sie mit ihm reden, indem Sie beten. Sie können beispielsweise das folgende Gebet zu Ihrem eigenen machen:

»Herr Jesus, ich danke dir, dass du mich so sehr liebst.
Danke, dass du für mich am Kreuz dein Leben gegeben hast.
Bitte vergib mir meine Schuld.
Ich vertraue dir mein Leben an.
Du sollst mein Herr sein.
Wir gehören jetzt zusammen.
Amen.«

Wenn Sie dieses Gebet (oder ein ähnliches) sprechen und es in Ihrem Herzen ernst meinen, dann sind Sie ab heute ein Kind Gottes, dann ist Gott für immer als Ihr Freund an Ihrer Seite. Jesus hat mit seinem Tod Ihre »Eintrittskarte« in die Ewigkeit bezahlt und Sie dürfen befreit und fröhlich in eine ewige Zukunft hineinleben.

Tun Sie es, Sie werden es nie bereuen.

Bibellese: Johannes 1,1–18

Fragen zum Nachdenken: Falls Sie noch nicht bereit sind, einen solchen Schritt zu gehen, fragen Sie sich: »Was hindert mich daran, mein Leben Jesus anzuvertrauen?« Und wenn Sie schon lange Christ sind: »Bin ich noch für meine Freundschaft mit Gott dankbar?«

Reisenotizen

33. Tag

Die Freundschaft mit Gott vertiefen – erste Schritte

»Wenn also ein Mensch zu Christus gehört,
dann ist er ein neuer Mensch.
Was vorher war, ist vergangen, etwas Neues hat begonnen.«
2. Korinther 5,17 (Hfa)

Gott möchte uns in allen Lebensbereichen helfen

Gestern ging es darum, wie ein einziges Gebet eine ganze Ewigkeit verändern kann. Wer ein Kind Gottes wird, für den beginnt schon hier auf Erden ein Leben in einer neuen Dimension. Durch Jesus ist der Weg für diese tiefe und innige Freundschaft zwischen mir und Gott frei. Nun heißt es, erste Schritte in diesem neuen Leben zu gehen.

Ich erinnere mich noch gut daran, wie ich meinen Kindern das Fahrradfahren beibrachte. Zuerst habe ich ihnen die einzelnen Funktionen des Fahrrads erklärt, dann kam der spannende Moment, als die Praxis begann. Das Kind saß auf dem Rad, trat in die Pedale und Papa lief neben ihm her. Natürlich hielt er zuerst den Lenker oder den Sattel fest, damit das Fahrrad nicht umkippte. Er ermutigte das Kind, weiter zu treten. Und irgendwann klappte dann alles und das Kind konnte selbstständig fahren.

Für einen jungen Christen gilt es genauso, erste Schritte zu wagen. Er muss eine Menge lernen, muss herausfinden, was zu tun oder auch zu lassen ist. Und immer wieder braucht er auch Ermutigung, Korrektur und Hilfestellung. Mit anderen Worten: Ein Prozess beginnt.

Zu diesem Prozess gehört ein Bereich, mit dem wir uns nicht so gerne befassen: Irgendjemand muss uns auch sagen, wo wir falsch liegen. Wir brauchen Korrektur. In jeder Freundschaft ist das der vielleicht sensibelste Teil. Selbst unter besten Freunden ist es nicht leicht, einander auch einmal auf Gefahren oder gar Fehler hinzuweisen. Es schwingt so schnell die Sorge mit, dass man den anderen verletzt oder vielleicht sogar seine Freundschaft verliert.

Wenn Gott unser Freund ist, will er uns in allen Lebensbereichen helfen, sogar in Bereichen, über die wir noch nie mit jemandem gesprochen haben. Schwachpunkte, die wir möglichst voreinander verbergen. Gott kennt uns durch und durch, und seine Liebe zu uns ist so groß, dass er uns Wege der Hilfe weist. Er möchte unser Leben verändern. Er möchte, dass etwas Neues wächst.

Wie vollzieht sich dieser Veränderungsprozess praktisch?

Wir wollen heute zwei wichtige Schritte betrachten.

Der erste Schritt ist: auf Gott hören.

Gott hat uns seinen Willen in seinem Wort, der Bibel, verdeutlicht. Die Heilige Schrift zeigt uns, wie Gott ist, wie wir Menschen sind und was Gottes Ziele für uns Menschen sind. Daher ist es für jeden Christen wichtig, regelmäßig und auch selbstständig in der Bibel zu lesen: »Doch wer sich an Gottes Wort hält und danach lebt, an dem zeigt sich Gottes ganze Liebe. Daran ist zu erkennen, ob wir wirklich Christen sind« (1. Johannes 2,5; Hfa). Wer zu Gott gehört, soll genau wissen, was Gott will und welchen Plan er für unser Leben hat.

Die Bibel ist wie eine Landkarte, in der ich Gottes Willen nachlesen kann: festgehalten auf Papier, für alle Zeiten, für fast jeden zugänglich, immer greifbar, »online« mit Gottes Gedanken. Oft sogar angepasst an meine Situation, meine Kultur, meinen Alltag. Gott spricht durch die Bibel in mein Leben hinein, und was er sagt, geht einem unter die Haut. Sein Reden in der Heiligen Schrift kann so lebendig werden, dass es mir den Atem verschlägt.

Bibellesen ist ein Schlüssel für unsere Beziehung zu Gott, weil wir dort erfahren, dass wir Gott nicht gleichgültig sind. Er kümmert sich um uns, er sorgt für uns, er ist für uns da – ja, Gott spricht zu uns! Durch Gottes Geist werden diese scheinbar toten Buchstaben lebendig. Wir hören und spüren, dass Gottes Worte je nach Situation für uns zu einer reinigenden Dusche, einem warmen Wind in kalter Umgebung, einem Erfrischungsgetränk in Wüstenzeiten oder zu einem Hoffnungsschimmer am Horizont werden können. Gottes Wort ist lebendig und bewirkt Veränderung in unserem Leben, wenn wir uns danach richten.

Der zweite Schritt, der die Freundschaft zu Gott vertieft, ist das Gespräch mit Gott – das Beten.

Der zweite Schritt ist: mit Gott reden.

Gebet ist eine Tätigkeit, die uns oftmals schwer fällt, weil Gott uns ja nicht wie ein normaler Gesprächspartner gegenüber oder am anderen Ende der Telefonleitung sitzt. Doch Gebet ist der einzige Weg, wie wir unsere Verbindung mit Gott pflegen können. Deshalb müssen wir lernen zu beten, müssen uns darum bemühen, das Gespräch mit Gott zu pflegen.

Wenn wir beten, schenkt Gott uns seinen Frieden. Wer betet, wird erleben, dass Gottes Kraft durch ihn fließt. »Wenn wir arbeiten, dann arbeiten wir, aber wenn wir beten, dann arbeitet Gott«, heißt es in einem Ausspruch.

Skeptiker wenden ein, dass Gebetserhörungen nichts als Zufälle seien. Ein englischer Erzbischof entgegnete auf einen solchen Einwand: »Es ist erstaunlich, wie viele Zufälle sich ereignen, wenn einer zu beten anfängt.« Gebet verändert alles. Das Geheimnis der Kraft Jesu war die Gebetsgemeinschaft mit seinem Vater. Wenn wir Menschen zu beten beginnen, werden wir verändert. Gott wartet auf Ihr Gebet. Jesus sagt über das persönliche Gebet Folgendes: »Wenn du beten willst, dann geh in dein Zimmer, schließ die Tür zu und bete zu deinem Vater, der im Verborgenen ist. Dein Vater, der auch das Verborgene sieht, wird dich dafür belohnen« (Matthäus 6,6; GN).

33. Tag: Gott möchte uns in allen Lebensbereichen helfen

Die Kommunikation mit dem allmächtigen Gott ist ein großes Vorrecht. Machen Sie oft davon Gebrauch, lassen Sie das Beten zu einer regelmäßigen Gewohnheit werden, denn Gott wartet darauf, dass seine Kinder zu ihm kommen und ihn anrufen.

Bibellese: Psalm 119,1–16

Frage zum Nachdenken: Sollte ich meine Freundschaft mit Gott in diesen beiden Bereichen – Bibel lesen und Gebet – intensiver pflegen?

Reisenotizen

34. Tag

Die Freundschaft mit Gott vertiefen – nächste Schritte

»Sie blieben aber beständig in der Apostel Lehre und in der Gemeinschaft und im Brotbrechen und im Gebet.«
Apostelgeschichte 2,42 (LÜ)

Wir sind für das Miteinander geschaffen

Wenn wir an Jesus Christus glauben und ihm unser Leben anvertrauen, wird Gott zu unserem Vater und wir werden seine Kinder. Andere Christen werden zu unseren Brüdern und Schwestern und die Gemeinde wird zu unserer geistlichen Familie. Zur Familie Gottes gehören alle Christen, die in der Vergangenheit gelebt haben, in der Gegenwart leben und in der Zukunft leben werden. Der Apostel Johannes durfte einen Blick in den Himmel werfen und sah dort die weltweite Gemeinde versammelt: »Jetzt sah ich eine Menschenmenge, so unübersehbar groß, dass niemand sie zählen konnte. Die Menschen kamen aus allen Nationen, Stämmen und Völkern; alle Sprachen der Welt waren zu hören. Sie standen vor dem Thron und vor dem Lamm« (Offenbarung 7,9; Hfa).

In der Bibel können wir nachlesen, wie die ersten Christen gelebt haben und wie sie die ersten Schritte im Glauben gingen. Sie kamen regelmäßig zusammen. Sie trafen sich zu den gemeinsamen Gottesdiensten im Tempel und auch in ihren Privathäusern. Neben dem geistlichen Leben jedes Einzelnen war das gemeinsame Leben ein ganz wichtiger Baustein ihres Christseins, durch das sie die Beziehung zu Gott zu vertieften: »Die Gläubigen lebten wie in einer großen Familie. Was sie besaßen, gehörte ihnen gemeinsam. Wer ein Grundstück oder anderen Besitz hatte, verkaufte ihn und half mit dem Geld denen, die in Not waren. Täglich kamen sie im Tempel zusammen und feierten in den Häusern das Abendmahl. In großer Freude und mit aufrichtigem

Herzen trafen sie sich zu gemeinsamen Mahlzeiten« (Apostelgeschichte 2,44–46; Hfa).

In der Bibel wird betont, dass ein Christ ohne eine Gemeinde wie ein Organ ohne Körper, wie ein Schaf ohne Herde, wie ein Kind ohne Familie ist. Es ist ein unnatürlicher Zustand. Wir sind geschaffen, um Gemeinschaft miteinander zu haben, wurden geformt für das Miteinander, gestaltet für das Leben in einer Familie, und keiner von uns kann als Einzelkämpfer die Ziele Gottes erreichen.

Paulus betont dies, wenn er an die Römer schreibt: »Gemeinsam bilden wir alle den Leib Christi – die Gemeinde – und jeder Einzelne ist auf die anderen angewiesen« (Römer 12,5; Hfa).

Nach Gottes Vorstellung sollen wir unser Leben gemeinsam leben und erleben. Die Bibel nennt diese gemeinsame Erfahrung »Gemeinschaft«. Heute hat dieses Wort allerdings den größten Teil seiner biblischen Bedeutung verloren. Wir reden von »Hausgemeinschaft«, »Dorfgemeinschaft«, »Gemeinschaftshaus« und meinen damit eher ein unverbindliches Miteinander. Es müssen gemeinsame Interessen gewahrt werden, man trifft sich zu beiläufigen Gesprächen, zu Smalltalk und Essen, man hat Spaß miteinander.

Wenn die Bibel von Gemeinschaft spricht, dann meint sie viel mehr. Auch mehr als den unverbindlichen Besuch eines Gottesdienstes. Gemeinschaft bedeutet, dass wir unser Leben miteinander teilen. Dazu gehören aufrichtige Liebe füreinander, ein ehrliches Sichmitteilen, praktischer Dienst, opferndes Geben, mitfühlendes Trösten und viele andere praktischen Aussagen zum Miteinander, die sich im Neuen Testament finden.

34. Tag:
Wir sind für das Miteinander geschaffen

Aus diesem Grund sollte jeder Christ in seiner Gemeinde zu Hause sein und innerhalb seiner Gemeinde zu einer Kleingruppe gehören. Dabei ist es gleichgültig, ob es sich um einen Hauskreis, eine Bibelstudiengruppe oder eine Dienstgruppe handelt.

Warum besteht Gott darauf, dass wir unseren geistlichen Brüdern und Schwestern besondere Liebe und Aufmerksamkeit zukommen lassen? Warum sollen wir sie vorrangig lieben? Weil Gott möchte, dass die Familie Gottes in erster Linie durch ihre Liebe füreinander bekannt wird. Jesus sagt, dass die Liebe – nicht die richtige Lehre – unser größtes Aushängeschild für Nichtchristen ist.

Im Leben mit Jesus geht es nicht um ein unverbindliches anonymes christliches Miteinander. Kinder Gottes stehen zu ihrem Glauben und leben mit ihrem Gott. Sie reden mit anderen Menschen über Jesus Christus. Er ist das Thema ihres Lebens. Menschen, die noch nie etwas von der Liebe Gottes gehört oder gespürt haben, sollen ihn kennen lernen. Gott fordert jeden von uns heraus, das Gute und Wunderbare, das wir erlebt haben, im alltäglichen Leben auch anderen Menschen weiterzugeben.

Wird irgendjemand wegen Ihnen in den Himmel kommen? Stellen Sie sich vor, was für ein Gefühl das sein wird, wenn Sie im Himmel Menschen begrüßen, denen Sie die Gute Nachricht gebracht haben. Die ewige Errettung eines einzigen Menschen ist viel wichtiger als alles andere, das Sie je in Ihrem Leben erreichen werden.

Bibellese: Apostelgeschichte 8,26–40

Frage zum Nachdenken: Sollte ich mich nicht doch einer Kleingruppe anschließen? Was hält mich davon ab, anderen von Gott zu erzählen?

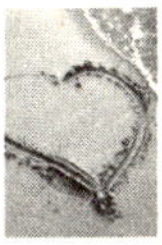

Reisenotizen

35. Tag

Die Freundschaft mit Gott vollenden

»Jesus sprach zu ihr: Ich bin die Auferstehung und das Leben; wer an mich glaubt, wird leben, auch wenn er gestorben ist.«
Johannes 11,25 (ELB)

Auf der Erde werden Entscheidungen für die Ewigkeit getroffen

Wir leiden immer wieder darunter, dass Freundschaften auseinander gehen. Man zieht in andere Orte oder lebt sich auseinander.

Ich habe eine gute Nachricht für Sie! Die Freundschaft mit Gott hört niemals auf. Auf ihn ist absolut Verlass. Das macht die Bibel immer wieder deutlich, denn sie spricht von »ewiger« Freundschaft!

Das tun wir Menschen auch, aber wie oft können wir unsere Versprechen nicht halten. Unserer Beteuerungen erweisen sich als haltlos. Aber Gott steht zu seinem Wort, er ist absolut verlässlich und treu. Wer Jesus in sein Leben eingeladen hat, der ist in die ewige Gemeinschaft mit Gott aufgenommen. Nichts und niemand kann ihn von der Liebe Gottes trennen. Nicht einmal der Tod: »Denn da bin ich ganz sicher: Weder Tod noch Leben, weder Engel noch Dämonen, weder Gegenwärtiges noch Zukünftiges, noch irgendwelche Gewalten, weder Himmel noch Hölle oder sonst irgendetwas können uns von der Liebe Gottes trennen, die er uns in Jesus Christus, unserem Herrn, bewiesen hat« (Römer 8,38; Hfa).

Für uns Menschen ist es nur schwer vorstellbar, dass es nach dem Tod weitergehen wird. Unserem Verstand, unserem Denken sind in diese Richtung Grenzen gesetzt, aber Gott lässt uns nicht im Unklaren, sondern spricht in seinem Wort von Ewigkeit. Immer wieder wird deutlich, dass mit dem Tod nicht alles aus ist. Der Apostel Paulus verwendet ein Bild, um dies zu illustrieren: »Ich halte geradewegs auf das Ziel zu, um den Siegpreis zu gewinnen. Dieser Preis ist das ewige Leben, zu dem Gott mich in Jesus Christus berufen hat« (Philipper 3,14; GN). Wer Jesus hat, der hat wirklich das ewige Leben.

Als Jesus am Kreuz für unsere Schuld starb, ging es auch genau darum: dem Tod die Macht zu nehmen und denen ewiges Leben zu schenken, die an Gott glauben. Der Gottessohn musste selbst den Tod erleiden, um durch seine Auferstehung den Tod ein für alle Mal zu besiegen. Was nützt uns ein Glaube, der nur bis zur Todesgrenze reicht? Wir brauchen jemanden, der stärker ist als der Tod, sonst wäre alles vergeblich. »Wäre aber Christus nicht auferstanden, so hätte unsere ganze Predigt keinen Sinn, und euer Glaube wäre völlig wertlos. Mit Recht könnte man uns dann vorwerfen, wir seien Lügner und keine Zeugen Gottes. Denn wir behaupten doch: Gott hat Christus auferweckt. Das kann ja gar nicht stimmen, wenn mit dem Tode alles aus ist!« (1. Korinther 15,14–15; Hfa).

Das ist das Besondere am Christentum; das unterscheidet unseren Glauben von jeder anderen Weltanschauung, jeder anderen Religion. Christen haben die Ewigkeit im Blick. Wer sein Leben hier auf Erden an Jesus bindet, der wird nach seinem Sterben bei Gott sein. Daher ist das Leben hier auf Erden so wichtig. Auf der Erde werden die Entscheidungen für die Ewigkeit getroffen.

Viele Menschen sind sich dessen nicht bewusst und vergeuden ihr Leben mit anderen Dingen, die doch nur von kurzer Dauer sind. Daher ist es unser Auftrag, es ihnen zu sagen: Gott hat einen Platz für sie, ein ewiges Zuhause. Sie müssen wissen, dass sie diesen Platz nicht pauschal zugesprochen bekommen. Sie müssen wissen, dass die Frage ihrer Schuld vor Gott geklärt sein muss.

Wer seine Schuld selbst bezahlen will, der kommt an den Ort, wo das geschieht. Die Bibel nennt diesen Ort Hölle. Jesus warnt uns Menschen eindringlich davor. Er ist dafür gestorben, dass Menschen dort nicht hinkommen müssen. Er stirbt, um für uns die Schuld zu bezahlen. »Auch der Menschensohn ist nicht gekommen, um sich dienen zu lassen. Er kam, um selbst zu dienen und mit seinem Leben dafür zu bezahlen, dass viele Menschen aus der Gewalt des Bösen befreit werden« (Matthäus 20,28; Hfa).

35. Tag:
Auf der Erde werden die Entscheidungen für die Ewigkeit getroffen

Die Frage, wo Sie Ihre Ewigkeit verbringen, ist eng mit der Frage verbunden, wer Ihre Schuld bezahlt. Gott opferte seinen Sohn aus Liebe zu den Menschen. Jesus bezahlt die Schuld der Welt und jeder, der darauf vertraut und das annimmt, bekommt ewiges Leben bei Gott. Was für ein Geschenk! Eine Freundschaft mit Gott für immer, eine herzliche Beziehung, die schon hier im Leben beginnt.

Aber leider sind nicht alle Menschen davon überzeugt. So viele wollen dieses große Geschenk nicht annehmen. Die Bibel macht deutlich, woran das liegt: »Was gehört nun zum Wesen dieser Welt? Menschliche Leidenschaften, die Gier nach Besitz und Macht, überhaupt ein Leben voller Selbstgefälligkeit und Hochmut. All dies kommt nicht von Gott, unserem Vater, sondern gehört zur Welt« (1. Johannes 2,16; Hfa).

Stolz und Hochmut sind wohl die größten Gefahren für die Freundschaft mit Gott. Sie verführen zu der Überzeugung: »Ich schaffe es alleine. Ich bin mein eigener Herr. Ich will es selbst machen.« Wie oft hört man den Satz: »Ich habe meinen eigenen Glauben«! Da stellt sich doch die Frage: Wie weit trägt der eigene Glaube? Über den Tod hinaus?

Nur Jesus Christus hat den Tod hinter sich gelassen und er sagt: »Fürchte dich nicht! Ich bin der Erste und der Letzte und der Lebendige; ich war tot und siehe, ich bin lebendig von Ewigkeit zu Ewigkeit und habe die Schlüssel der Hölle und des Todes« (Offenbarung 1,17–18; LÜ). Jesus ist der allmächtige Gott, der den Tod besiegt hat und der die Pforten der Hölle für alle verschließt, die an ihn glauben. Und niemand und nichts kann diese Freundschaft jemals wieder zerstören. »Ihnen gebe ich das ewige Leben und sie werden niemals umkommen. Niemand kann sie aus meiner Hand reißen« (Johannes 10,28; Hfa).

Bibellese: 1. Korinther 15,12–22

Fragen zum Nachdenken: Wie dankbar bin ich Gott für das, was dort am Kreuz für mich geschehen ist? Bewegt es mich? Berührt es mein Herz?

Reisenotizen

36. Tag

Der Umgang mit Konflikten

»Die Liebe lässt sich nicht erbittern,
sie rechnet das Böse nicht zu.
Sie freut sich nicht über die Ungerechtigkeit,
sie freut sich aber an der Wahrheit.«
1. Korinther 13,5–6 (LÜ)

Die Wahrheit in Liebe zu sagen verlangt Mut

»Wie bitte?«, »Unglaublich!«, »Das gibt's doch nicht!«, »Wie soll das denn gehen?« – ich habe volles Verständnis für solche oder ähnliche Reaktionen auf diesen Vers. Anspruchsvoller kann man das Wesen der Liebe kaum beschreiben.

Unsere Erfahrung ist ganz anders. Wenn wir von einem Menschen hintergangen werden, wenn er schlecht über uns spricht, ein Versprechen nicht hält oder uns verletzt, dann ist es in Sekunden um unsere Liebe geschehen.

Wie reagieren Sie, wenn so etwas passiert? Gehen Sie an die Decke? Ziehen Sie sich zurück und schmollen? Steigt Bitterkeit in Ihnen hoch? Wie gehen Sie damit um, wenn Sie jemand verletzt?

Da wir uns jetzt schon seit fünf Wochen mit dem Thema »Liebe« beschäftigen, ist es Zeit, einmal Bilanz zu ziehen. Haben Sie, hat Ihr Leben sich verändert? Gehen Sie mit anderen Menschen liebevoller um? Fällt es Ihnen leichter, zu verzeihen und sich um Frieden zu bemühen?

Paulus schreibt in seinem ersten Brief an die Gemeinde in Korinth, dass die Liebe das Böse nicht aufrechnet. Mit anderen Worten: Wer in der Liebe lebt, der führt keine Liste, in der er Verletzungen notiert. Er sammelt sie nicht, um sie bei Bedarf hervorzuholen und seinem Gegenüber vorzuhalten.

Wir neigen wahrscheinlich alle dazu, alte Geschichten hervorzukramen, wenn es mit jemandem zum Streit kommt. Auch wenn etwas schon Jahre, ja Jahrzehnte zurückliegt – in diesem Augenblick ist die alte Geschichte abrufbereit. Der Tag der Abrechnung ist gekommen!

Aber wahre Liebe rechnet nicht ab. Jesus weist sehr deutlich darauf hin und gibt uns einige sehr praktische Ratschläge an die Hand: »Aber ich sage euch, die ihr zuhört: Liebet eure Feinde; tut denen wohl, die euch hassen; segnet die, die euch verfluchen, und bittet für die, die euch beleidigen« (Lukas 6,27–28; LÜ).

Wenn Ihnen etwas Böses widerfährt, dann sollten Sie nicht zurückschlagen, sondern Ihrem Gegenüber etwas Gutes tun. Die Aussage ist klar und eindeutig, aber sofort kommen uns Zweifel: Ist das überhaupt möglich? Kann ein Mensch das schaffen? Wie soll das gehen?

Um so zu handeln, müssen wir mit der Liebe Gottes erfüllt sein. Wir brauchen die Liebe Jesu Christi. Wenn wir das Böse aufrechnen, dann regiert nicht die Liebe in uns. Wenn wir allerdings Böses mit Gutem vergelten, leben wir die Liebe Gottes ganz praktisch.

Kann uns das aus eigener Kraft heraus gelingen? Nein. Genau deshalb brauchen wir Jesus Christus, denn nur bei ihm finden wir diese Art von Liebe. Nur die Liebe Gottes in uns kann uns diese Liebe schenken. Das Ganze geschieht natürlich nicht über Nacht, sondern ist ein Wachstumsprozess. Die Veränderung erfolgt nach und nach, aber sie ist möglich, weil Gott selbst in jedem Christen die Voraussetzung dafür schafft. »Denn durch den Heiligen Geist, der uns geschenkt wurde, ist Gottes Liebe in uns« (Römer 5,5; Hfa).

36. Tag: Die Wahrheit in Liebe zu sagen verlangt Mut

Wir brauchen eine gute Quelle. Wir brauchen etwas, das uns immer wieder neu die Richtung weist und in uns gute Gedanken weckt. Christen haben diese Quelle. Der Heilige Geist schenkt diese Liebe und gebraucht das Wort Gottes, um uns zu verändern. Jesus betete zum Vater: »Lass sie dir immer ähnlicher werden und der Wahrheit gehorchen. Dein Wort ist die Wahrheit« (Johannes 17,17; Hfa). Der Heilige Geist – Achtung: »der uns geschenkt wurde« – gebraucht das Wort Gottes, um uns dem Sohn Gottes immer ähnlicher werden zu lassen. Um Christus ähnlicher zu werden, müssen wir unser Leben mit seinem Wort füllen. Ungerechtigkeit nimmt ab, Wahrheit überwiegt. Wir sind an die Quelle angeschlossen. Durch den Heiligen Geist ist Gottes

Liebe in uns und will sich entfalten. Gottes Wort hilft uns dabei, führt uns weiter, immer weiter zum Ziel.

Natürlich ist es nicht leicht, so zu handeln, wie Paulus es uns Christen lehrt: »Stattdessen wollen wir vielmehr die Wahrheit in Liebe sagen ...« (Epheser 4,15; Hfa). Es geht ja nicht nur darum, die Schuld der anderen nicht aufzurechnen. Genauso schwierig ist es doch, wenn wir aufgefordert sind, Stellung zu beziehen, und nicht schweigen dürfen. Wenn wir die Wahrheit in Liebe sagen müssen!

Wie können wir das tun, ohne den anderen zu verletzen?

Als Erstes sollten Sie Ihre Motive überprüfen. Es sind oftmals zu viele falsche und schädliche Beweggründe mit im Spiel, wenn es darum geht, eine Person mit der Wahrheit zu konfrontieren. Fragen Sie sich: »Will ich helfen oder nur das letzte Wort behalten, einfach Recht haben oder dem anderen nur eins auswischen?« In den Sprichwörtern steht daher auch sehr treffend: »Ein Freund meint es gut, selbst wenn er dich verletzt« (Sprüche 27,6; Hfa).

Ein zweiter Rat: Denken Sie ins Unreine und sprechen Sie ins Reine. Das heißt, überlegen Sie genau, was Sie sagen wollen: »Ein Weiser redet mit Verstand, deshalb überzeugen seine Worte« (Sprüche 16,23; GN). Wenn Sie jemandem die Wahrheit in Liebe sagen wollen, dann spielen eine Reihe von besonderen Faktoren eine wichtige Rolle: Planen Sie, *wann* Sie es sagen. Planen Sie, *was* Sie sagen. Planen Sie, *wie* Sie es sagen. Jeder Mensch ist unterschiedlich, und wie wir alle wissen, macht der Ton die Musik! Sagen Sie die Wahrheit taktvoll, sagen Sie sie liebenswürdig, sagen Sie sie freundlich. »Wenn sich aber einer von euch etwas zuschulden kommen lässt und sündigt, dann sollt ihr ihn als Menschen, die Gottes Geist leitet, verständnisvoll wieder zurechtbringen« (Galater 6,1; Hfa). Oder um das Ganze in Form einer Gleichung wiederzugeben: *Wahrheit + Liebe + richtiger Zeitpunkt = bestmögliche Veränderung.*

Bei aller Liebe, vergessen Sie aber das eine nicht: Es besteht immer das Risiko, dass Sie Ablehnung erfahren. Es kostet uns viel Mut, die Wahrheit in Liebe zu sagen, und wir fürchten uns vor möglichen Konsequenzen. Oftmals kehren wir lieber alles unter den Teppich, auch die Wahrheit. In der Bibel heißt es dazu: »Eine aufrichtige Antwort ist ein Zeichen echter Freundschaft, so wie ein Kuss auf die Lippen!« (Sprüche 24,26; Hfa).

Gott wünscht sich, dass wir liebevoll und ehrlich miteinander umgehen. Es ist kein leichter Weg, aber der richtige, und er möchte uns dabei helfen.

Bibellese: 2. Korinther 7,1–16

Fragen zum Nachdenken: Mit welcher Person müsste ich in Liebe und Wahrheit reden? Warum habe ich es nicht längst getan?

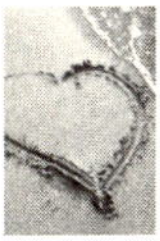

Reisenotizen

37. Tag

Wenn man nicht mehr einer Meinung ist

»Eine gelinde Antwort wendet den Grimm ab, aber ein kränkendes Wort erregt den Zorn.«
Sprüche 15,1 (Hfa)

Niemand lebt ein fehlerloses Leben, doch die Blickrichtung ist entscheidend

»Alles ist in Ordnung, alles bestens, ich kann mich nicht beklagen!« – so oder ähnlich lautet wahrscheinlich Ihre Antwort auf die Frage nach Ehe und Familie. Lange Zeit ist das auch völlig richtig, aber irgendwann beginnen Sie zu zögern. Sie merken: Es läuft nicht mehr rund. Es sind Spannungen da, immer wieder gibt es Streit, etwas stimmt nicht.

Wer kennt das nicht? So vielfältig das Leben ist, so vielfältig sind auch die Bereiche, in denen es zu Streit und Auseinandersetzungen kommen kann. Ob das nun die berühmte Zahnpastatube ist, die Kindererziehung oder die Urlaubsplanung – überall lauert die Gefahr, dass die gemeinsame Harmonie verloren geht.

Mit der Zahnpastatube kommen wir noch klar, mit der Urlaubsplanung auch. Doch selbst banale Dinge können unsere Beziehung bedrohen, wenn wir nicht lernen, mit Konflikten richtig umzugehen.

Zunächst einmal sollten wir uns darum bemühen herauszufinden, was die Spannungen verursacht. Handelt es sich um eine »Mücke« oder um einen »Elefanten«? Sind die Schwierigkeiten vorübergehend oder langfristig? Wo liegt die Ursache für unsere Spannungen?

Es ist gut, wenn man sich über diese Fragen bereits Gedanken gemacht hat, bevor eine Friedenskonferenz abgehalten wird. Jesus gibt einen radikalen Tipp, wenn es um die eigene Position geht: »Was siehst du aber den Splitter in deines Bruders Auge und nimmst nicht wahr den Balken in deinem Auge? Oder wie kannst du sagen zu deinem Bruder: Halt, ich will dir den Splitter aus deinem Auge ziehen, und siehe, ein Balken ist in deinem Auge? Du Heuchler, zieh zuerst den Balken aus deinem Auge; danach sieh zu, wie du den Splitter aus deines Bruders Auge ziehst!« (Matthäus 7,3–5; LÜ). Jesus stellt damit klar: Niemand ist besser als der andere. Keiner lebt ein fehlerloses Leben und die Blickrichtung ist entscheidend.

Wie gehen wir Konflikte an? Wie reagieren wir auf Streit? Zwei Positionen sind unangemessen und falsch.

Die eine lautet: »Um des lieben Friedens willen spreche ich das Problem nicht an.« Die andere: »Um des lieben Friedens willen tue ich meistens das, was andere wollen.«

Keine dieser beiden Reaktionen trägt wirklich zur Lösung eines Konfliktes bei, vielmehr verschlimmern sie die Lage. Ungelöste Probleme sind im Grunde wie Termiten: Im Verborgenen nagen sie an den Beziehungen und irgendwann kracht es gewaltig. Wer versucht, ein Problem um des lieben Friedens willen auszusitzen, provoziert die Katastrophe. Das ist falscher Friede. Gott erwartet nicht von Ihnen, dass Sie ein Fußabtreter werden. Auch als Christen müssen wir uns nicht herumstoßen lassen. Jesus ist uns da ein gutes Vorbild! Er hat Dinge beim Namen genannt.

Wie reagieren Sie? Es kostet viel Mut, diese beiden falschen Reaktionen zu vermeiden und angemessen mit Konflikten umzugehen. Wenn ein Konflikt entsteht, dann sollten Sie eine Friedenskonferenz planen. Jesus gibt auch hier einen guten Ratschlag: »... dir fällt plötzlich ein, dass dein Bruder etwas gegen dich hat, dann ... gehe gleich zu deinem Bruder und versöhne dich mit ihm« (Matthäus 5,23–24; Hfa)

Jesus macht eines deutlich: »Gehe gleich!« Vertagen Sie die Angelegenheit nicht und kehren Sie sie auch nicht unter den Teppich. Im Gegenteil, Jesus ermutigt uns, den ersten Schritt zu tun, egal, ob Sie verletzt wurden oder ob Sie den anderen verletzt haben. Er macht deutlich: Christen sollen immer den ersten Schritt gehen. Friedensstifter ergreifen die Initiative.

1979 erhielt Anwar Sadat, der ägyptische Präsident, den Friedensnobelpreis. Warum? Weil er die Initiative ergriffen hatte: Er flog als erster arabischer Präsident nach Israel und sagte: »Lasst uns darüber reden!« Er durchbrach damit eine 2000-jährige Barriere.

Wie sollen wir in diesem Prozess der Versöhnung vorgehen? Friedensstifter gehen mit viel Einfühlungsvermögen in das Gespräch. Die Bibel gibt uns da eine gute Gesprächsgrundlage: »Schließlich möchte ich euch allen noch eins sagen: Haltet fest zusammen! Nehmt Anteil am

Leben des andern und liebt euch wie Brüder! Seid barmherzig zueinander und haltet nicht so viel von euch selbst« (1. Petrus 3,8; Hfa). Wer ein Gespräch sucht, in dem über unterschiedliche Einstellungen und Ansichten gesprochen werden sollen, muss bereit sein, beide Seiten zu hören. Zuhören und den anderen ausreden lassen sind unabdingbar.

Es klingt unglaublich, aber es ist wahr: Konflikte haben auch ihre guten Seiten. Sie helfen uns dabei, Problemen auf die Schliche zu kommen. Wir verstehen plötzlich, *wie* es dazu kommen konnte und *warum* es so ist. Konflikte bieten uns eine Chance, Beziehungen in Ordnung zu bringen und zu vertiefen.

Wenn es zu einem Gespräch kommt, dann ist es wichtig, dass es darin nicht um die Person, sondern um das Problem geht. Das ist nicht immer leicht, aber wir müssen es lernen: »Redet auch nicht schlecht voneinander. Was ihr sagt, soll für jeden gut und hilfreich sein, eine Wohltat für alle« (Epheser 4,29; Hfa). Vermeiden Sie verletzende Worte. Bleiben Sie sachlich, hilfreich und positiv!

37. Tag: Niemand lebt ein fehlerloses Leben, doch die Blickrichtung ist entscheidend

Zum Schluss noch eine traurige Nachricht: Es kann nicht jedes Problem gelöst werden! Dazu sind wir zu unterschiedlich. Trotzdem sollen wir in Frieden miteinander leben. Dafür gibt es ein Wort: Versöhnung! »Das alles aber von Gott, der uns mit sich selbst versöhnt durch Christus und uns den Dienst der Versöhnung gegeben hat« (2. Korinther 5,18; ELB).

Bibellese: Matthäus 5,21–26

Fragen zum Nachdenken: Mit wem muss ich eine »Friedenskonferenz« abhalten? Wie sollte ich mich am besten darauf vorbereiten?

Reisenotizen

38. Tag

Wenn man nicht mehr weiterkann

»Allein wanderte Elia einen Tag lang weiter
bis tief in die Wüste hinein.
Zuletzt ließ er sich unter einen Ginsterstrauch fallen
und wünschte, tot zu sein. ›Herr, ich kann nicht mehr!‹, stöhnte er.
›Lass mich sterben! Irgendwann wird es mich sowieso treffen,
wie meine Vorfahren. Warum nicht jetzt?‹«
1. Könige 19,4 (Hfa)

Liebe kostet etwas

Niemand kann Liebe lieben, ohne Zeit, Geld oder Energie zu investieren. Wenn wir Liebe genauer betrachten, müssen wir feststellen: Liebe verlangt viel, Liebe zu bekommen ist nicht immer einfach. Vor vielen Jahren sprach die Tochter von Hudson Taylor auf einer Konferenz. Sie fragte die Zuhörer: »Meine Brüder und Schwestern, wie buchstabiert man ›Liebe‹?« Sie gab gleich die Antwort: »O-p-f-e-r.«

Liebe hat ganz viel mit Opfer zu tun. Wir dagegen betonen lieber den Spaß, den wir dabei haben. Wir schwärmen von schöner Gemeinschaft und suchen persönliche Erfüllung. Aber die Wahrheit sieht anders aus: Echte Liebe opfert sich auf. Gott liebt uns Menschen so sehr, dass er seinen Sohn opferte. Wer sich um das Wohlergehen anderer sorgt, muss normalerweise auch Opfer bringen. Unter Umständen müssen wir eigene Pläne, unsere Unabhängigkeit oder die Privatsphäre aufgeben. Liebe kostet etwas. Ein Lebensmotto Jesu lautet: »Denn auch des Menschen Sohn ist nicht gekommen, dass er sich dienen lasse, sondern dass er diene und gebe sein Leben zur Bezahlung für viele« (Markus 10,45; LÜ). Die Liebe hat Jesus das Leben gekostet. Darauf weist er hin, wenn er sagt: »Niemand hat größere Liebe als die, dass er sein Leben lässt für seine Freunde« (Johannes 15,13; LÜ).

Natürlich ist es gar nicht einfach, so zu lieben. Es kostet uns alles; es zehrt an unseren Kräften. Eine solche Liebe betrifft unsere ganze Person. Am Beispiel von Elia, dessen Geschichte Sie in 1. Könige 17 bis 2. Könige 2 nachlesen können, sehen wir, was das bedeuten kann.

Elia setzte sich radikal für Gott ein. Seine ganze Leidenschaft und Liebe galt seinem Volk. Er wollte es zu Gott zurückführen. Elia gab alles. Er war sogar bereit, sein Leben aufs Spiel zu setzen. Aber was passierte dann? Elia konnte plötzlich nicht mehr. Sein Akku war leer. Unter einem Ginsterstrauch stammelte er schließlich: »Lass mich sterben! Irgendwann wird es mich sowieso treffen. Warum nicht jetzt?«

Wer pausenlos dient, sich engagiert und gibt, läuft irgendwann leer und fühlt sich so, als hätte er nichts mehr, das er geben könnte. Er fährt ohne »Treibstoff«. Wer an diesem Punkt angelangt ist, neigt zu Resignation und Unzufriedenheit. Elia hatte keine Hoffnung mehr. Er, der Kämpfer Gottes, wünschte sich den Tod. Ihm war alles gleichgültig. Wütend beklagte er sein Schicksal!

Manchmal geht es uns wie Elia. Negative Gefühle gewinnen in unserem Leben die Überhand. Unsere Gefühle verändern sich und wechseln die Richtung. Menschen, die uns lieb und teuer waren, beginnen, uns auf die Nerven zu gehen. Wir sehen nur noch ihre Probleme, denen wir am besten aus dem Weg gehen würden; Anrufe werden zur Belästigung; Briefe, selbst von Freunden, werden zur Verpflichtung; unerwartete Besucher werden zu Eindringlingen. Am liebsten würden wir davonlaufen, dem Schmerz und der Not anderer Menschen einfach entfliehen und eine Mauer um uns herum aufbauen. Das ist sicherlich eine Möglichkeit, wie man mit dem Gefühl eines Burn-outs umgehen kann. Aber es gibt einen besseren Weg.

Wenn Sie glauben, dass Sie keine Liebe mehr haben, kann Ihr »Tank« dennoch wieder aufgefüllt werden. Es ist möglich, die Menschen nicht nur aufopfernd, sondern auch treu und beständig zu lieben. Neulich nahm ich mit meinem jüngsten Sohn an einem 4,5-Kilometer-Lauf teil. Es war sein allererster Lauf über diese Distanz. Immer wieder schärfte ich ihm ein, am Anfang nicht zu viel Kraft in die Geschwindigkeit zu vergeuden. Ich erklärte ihm, das Rennen sei lang, und bei langen Strecken zähle das Erreichen des Ziels mehr als schnelle Sprinteinlagen, die unter Umständen dazu führen können, dass wir einen Lauf aus Erschöpfung abbrechen müssen. Und genau dazu beruft Gott auch uns Menschen – wir sollen unseren Nächsten nicht wie beim Kurzstreckenlauf, sondern wie bei einem Marathon lieben. Um das zu vollbringen, müssen wir lernen, neu aufzutanken, wenn unser »Liebestank« leer ist.

In der Bibel werden viele Lebenssituationen von Menschen beschrieben, die sich in den schwierigsten Umständen befanden. Einmal lesen wir davon, dass David in einer tiefen Krise steckte, und er tat genau das, was auch wir in einer solchen Situation tun sollten: »David befand sich in einer schwierigen Lage. Seine Leute sprachen schon davon, ihn zu steinigen, denn alle waren erbittert über den Verlust ihrer Söhne und Töchter. Da suchte David Zuflucht bei seinem Gott und das Vertrauen auf den Herrn gab ihm wieder Mut und Kraft« (1. Samuel 30,6; Hfa).

Wir müssen lernen, innezuhalten und aus der Tretmühle auszusteigen. Unsere innere Welt braucht Ruhe. Ziehen Sie sich in die Stille zurück und lassen Sie sich von Gott wieder neue Kraft geben. Selbst Jesus benötigte immer wieder diese Zeiten der Stille, in denen er mit dem Vater allein war, um wieder aufzutanken.

Elia wurde von Gott in die Wüste geführt. Nach langem Schlaf und gutem Essen ging es für ihn mit neuer Kraft weiter.

David suchte Gott im Gebet und lernte durch die vielen Schwierigkeiten, Gott zu vertrauen.

Jesus hatte die geistliche Erquickung in der Gegenwart seines Vaters immer wieder nötig und vernachlässigte sie nicht.

Wie viel mehr haben wir es nötig, auf unsere Seele zu achten. Liebe, hingebungsvolle Liebe, fordert uns. Wir können nicht immer nur geben, wir müssen auch nehmen. Auftanken ist angesagt, auftanken bei dem, der die Quelle des Lebens ist: »Denn bei dir ist die Quelle des Lebens und in deinem Lichte sehen wir das Licht« (Psalm 36,10; LÜ).

38. Tag:
Liebe kostet etwas

Bibellese: Markus 10,35–45

Fragen zum Nachdenken: Wie ist sieht es in meinem Leben aus? Nehme ich mir die Zeit, um meinen »Liebestank« regelmäßig wieder aufzufüllen?

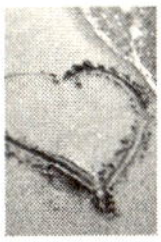

Reisenotizen

39. Tag

Wie man den »Tank« wieder füllen kann

»Lasst uns aber wahrhaftig sein in der Liebe und wachsen in allen Stücken zu dem hin, der das Haupt ist, Christus.«
Epheser 4,15 (LÜ)

Es gibt verschiedene Wege, Gott zu begegnen

Sie haben vielleicht schon einmal von der Stressskala gehört, die Dr. Thomas Holmes erstellt hat. In allen aktuellen Büchern zum Thema Management und Burn-out wird sie vorgestellt. Holmes entwickelte ein Punktesystem, in dem jeder Punkt eine Lebensveränderungseinheit ist und jedem Ereignis eine gewisse Punktezahl zugeteilt wird. Erreicht man in einem Jahr mehr als 200 Punkte, kann man davon ausgehen, dass ein Zusammenbruch, ein Herzinfarkt oder Ähnliches bevorsteht. So wird zu Beispiel dem Verlust eines Ehepartners die Höchstpunktzahl, 100 Punkte, zugemessen. Der Verlust des Arbeitsplatzes »bringt« 47 Punkte, während ein weiteres Kind 39 Punkte liefert. Also bedeuten auch schöne Ereignisse Stress.

Sie wissen sicher, wovon ich rede: Wir stoßen an psychische und physische Grenzen und haben irgendwann das Gefühl, dass wir am Ende sind. In einem solchen Zustand wünscht man sich, dass man mithilfe einer Tablette oder einer Spritze alles wieder ruckzuck in Ordnung bringen könnte.

Aber leider gibt es kein Hochgeschwindigkeits-Geheimrezept, das uns in Null Komma nichts wieder auflädt. Die Auffrischung unserer inneren »Akkus« geht nur langsam vonstatten – was uns oft gar nicht gefällt. Wir leben in einer »Fastfood-Gesellschaft«. Alles muss schnell gehen. Alles muss sofort fertig sein. Selbst wenn wir 20 Sekunden in der Küche vor der Mikrowelle warten müssen, bis unser Essen fertig ist, kommt uns das schon wie eine Ewigkeit vor. Umso mehr brauchen wir in unserem Alltag immer wieder Oasen der Ruhe und der Besinnung. Wenn wir diese vernachlässigen, laufen wir Gefahr, durch die Ansprüche, die die Arbeits- und Freizeitwelt an uns stellen, uns selbst, Gott und die Welt, in der wir leben, zu verlieren.

Im Neuen Testament steht eine bekannte Geschichte, in der davon berichtet wird, dass Jesus zwei Schwestern besuchte, Maria und Martha. Darin heißt es an einer Stelle: »Und Martha hatte eine Schwester, die hieß Maria; die setzte sich zu Jesu Füßen und hörte seiner Rede zu. Martha aber machte sich viel zu schaffen, ihm zu dienen. Und sie trat hinzu und sprach: Herr, fragst du nicht danach, dass mich meine Schwester lässt allein dienen? Sage ihr doch, dass sie mir helfen soll! Jesus aber antwortete und sprach zu ihr: Martha, Martha, du hast viel Sorge und Mühe; eins aber ist not. Maria hat das gute Teil erwählt; das soll nicht von ihr genommen werden« (Lukas 10,39–42; LÜ).

Diese biblische Geschichte illustriert sehr anschaulich, dass alles seine Zeit braucht und alles seine Zeit hat. Maria nahm sich die Zeit, um in der Nähe Jesu aufzutanken.

Nun gibt es unterschiedliche Wege, wie wir unseren »Tank« füllen können, die jeweils von unserer Persönlichkeit und auch unserer Prägung abhängen. Jeder hat bestimmte Wege, auf denen er Jesus am besten begegnen, auftanken und »dranbleiben« kann. Wir sind nicht alle gleich! Darum sollten wir darauf achten, dass wir den richtigen Zugang zum Auftanken haben.

Es gibt den kontemplativen Zugang. Dieser Weg führt in die Einsamkeit. Es geht darum, in der Stille Zeit zu haben und die Gegenwart Gottes zu suchen. Achten Sie darauf, dass Sie genügend Zeit zum Lesen und Hören auf das Wort Gottes finden. Sie können auch einige Gedanken aufschreiben und ein geistliches Tagebuch führen. Auf diese Weise verlangsamen Sie für eine kurze Zeit zwangsläufig Ihr Tempo; Sie ordnen Ihre Gedanken und werden erfrischt.

Andere Menschen haben einen beziehungsorientierten Zugang zu Gott. Für sie ist es nicht so produktiv und erfrischend, extra viel Zeit alleine mit Gott im Gebet oder beim Lesen der Bibel zu verbringen. Diese Menschen finden den Zugang zu Gott eher in Beziehungen zu anderen Menschen. Ihr »Tank« wird wieder gefüllt, wenn sie in einer Bibelstunde, in einem Gebetskreis oder einem Dienstteam mit anderen Christen Gemeinschaft erleben können.

Eine weitere Gruppe von Menschen hat einen schöpfungsorientierten Zugang. Dies sind die Menschen, die Gott am leichtesten und intensivsten in der Natur begegnen. Wunderschöne Naturfotos unterlegt mit passender Musik lassen ihre Seele aufatmen. Wandern in der Natur, Sonnenaufgänge bestaunen, sich an Blumen und Blättern erfreuen, Tiere beobachten – das alles lässt sie neu Kräfte sammeln. Gottes Schöpferkraft im Großen wie im Kleinen zu bestaunen und zu entdecken lässt sie dankbar und froh werden.

Andere brauchen eher einen anbetungsorientierten Zugang zu Gott. Durch nichts fühlen sie sich Gott so nah und verbunden wie durch Musik kombiniert mit Texten, die Gottes Eigenschaften beschreiben, die seine Liebe zu uns Menschen in Worte fassen oder Gebete wiedergeben, die dem entsprechen, was sie in ihrem Inneren spüren. Ihre Seele bekommt Rückenwind und Ihr Herz wird wieder leicht.

39. Tag:
Es gibt verschiedene Wege, Gott zu begegnen

Das Maß unseres geistlichen Wachstums hängt viel davon ab, dass wir Gott auf die Weise begegnen, die unserer Persönlichkeit am besten entspricht. »Auftanken« an Leib, Seele und Geist ist darüber hinaus ebenfalls unabdingbarer Bestandteil dieses Prozesses. Und darum sollten wir uns nicht erst dann sorgen, wenn wir am Boden liegen, sondern wir brauchen immer wieder neue Kraft, und das ganz regelmäßig in unserem Alltag. Genauso hat Gott uns geschaffen.

Bibellese: Psalm 90,1–17

Fragen zum Nachdenken: Welcher dieser geistlichen Zugänge entspricht mir am ehesten, und was kann ich tun, um diesen auch ganz praktisch in meinen Alltag zu integrieren, um aufzutanken?

Reisenotizen

40. Tag

Wie es weitergehen kann: Liebe in Aktion

»Es ist dir gesagt, Mensch, was gut ist und
was der Herr von dir fordert,
nämlich Gottes Wort halten und Liebe üben und
demütig sein vor deinem Gott.«
Micha 6,8 (LÜ)

Am letzten Tag unserer 40-tägigen Reise wollen wir noch einmal einen letzten Blick auf die Aktion werfen. Damit wollen wir die Reise aber keineswegs abschließen, sondern vielmehr dazu einladen, sie weiter zu verfolgen. Das Thema »Zwischenmenschliches« ist mit diesem Buch noch lange nicht abgeschlossen; es wird uns weiter beschäftigen und ein Leben lang nicht loslassen.

Die oben stehende Aussage Gottes aus Micha 6, Vers 8 macht deutlich, was Gott sich von seinen Geschöpfen wünscht. Er gibt uns ein gutes Fundament: sein Wort, die Bibel. Immer wieder geht es um die Frage, wie wir all das, was wir daraus lernen, in der Praxis umsetzen. Wie sieht unser Alltag aus? Was bedeutet »Liebe in Aktion« für unser Leben in diesem Jahr? Es geht um eine innige Beziehung zu Gott und unseren Mitmenschen. Es geht um Liebe in Aktion!

In der ersten Woche haben wir gesagt: Liebe ist der Schlüssel zum Leben. Wir Menschen sind dazu geschaffen, Gott zu lieben. Nicht nur »nebenbei« oder einmal die Woche oder nur zu bestimmten Zeiten, nein, es gilt Gott über »alle Dinge zu lieben«. Dieses Buch soll dabei helfen, dass dieser Entschluss auch zur Tat wird. Daher die vielen praktischen Anregungen, Fragen und Tipps, die man das ganze Leben lang anwenden kann.

Neben einer liebevollen Beziehung zu Gott geht es auch um die Beziehungen zu anderen Menschen. Im Leben gilt es immer wieder Beziehungen zu beginnen und auch zu pflegen. Routine ist Gift für die Liebe! Gegenseitige Wertschätzung ist der Schlüssel für ein gutes Miteinander. Füreinander offen zu sein, sich Zeit zu nehmen, Beziehungen geplant und nicht per Zufall gestalten – um all diese Dinge geht es bei Liebe in Aktion.

Zweifellos läuft es in unseren Kontakten und Freundschaften nicht immer reibungslos. Es gilt daher, verborgene Gefahren zu erkennen und zu überwinden. Wir sind mit Wunschträumen konfrontiert, die kein Mensch erfüllen kann, und daher besteht immer wieder die Gefahr, dass wir bitter werden. Wer lebt schon gerne in Beziehungen, mit denen jeder unzufrieden ist? Am liebsten möchten wir manchmal aus unserer Haut heraus und ganz neu beginnen, aber dies ist nicht möglich. Dennoch können wir an der Veränderung unserer Persönlichkeit arbeiten.

Zunächst einmal müssen wir lernen, uns selbst anzunehmen. Gott nimmt uns so an, wie wir sind; das haben wir mehrfach gelesen. Er liebt uns ohne Einschränkung. Gott hat uns weiterhin zur Gemeinschaft untereinander geschaffen. Jeder von uns braucht Ermutiger, Tröster und Begleiter an seiner Seite. Das sind zum einen all die Menschen, die wir kennen und schätzen gelernt haben, Menschen, die Gott uns an die Seite gestellt hat. Und da ist Gott selbst, der sich diese Gemeinschaft mit uns wünscht. In der Bibel werden wir immer wieder zu einer lebendigen Beziehung mit ihm eingeladen. Gott kommt uns in Jesus Christus ganz nah und bietet uns eine Freundschaft ohne Vorbedingungen an. Dass wir eine Freundschaft mit Gott eingehen können, gehört zu den größten Vorrechten unseres Menschseins und ist das wertvollste Geschenk, das wir je erhalten werden. Daher gilt es, diese Freundschaft lebendig und frisch zu halten. Auch dazu soll dieses Buch dienen.

Natürlich kommt es zwangsläufig auch vor, dass Beziehungen Schwierigkeiten durchmachen. Es gibt Momente, da geht nichts mehr. Es gibt Situationen, in denen die Liebe erkaltet und die Wahrheit auf den Tisch geknallt wird. Es kommt zu Krisen, aus denen wir keinen Ausweg sehen und in denen wir an unsere Grenzen stoßen.

40. Tag:
Wie es weitergeht:
Liebe in Aktion

Wer oder was facht die Aktion für Liebe in uns wieder an? Wo ist die Tankstelle? Wir haben in diesem Buch verschiedene Möglichkeiten vorgestellt, aber Sie haben sicher gemerkt, dass es keine einfache Antwort, kein Patentrezept gibt, das »auf die Schnelle« wirkt. Liebe in Aktion ist ein andauernder Prozess, der sich unser ganzes Leben lang hinzieht. Es ist ein Vorrecht, in diesem Prozess zu leben. Er macht unser Menschsein aus und gibt unserem Leben Ziel und Sinn.

Hier sind noch einmal die *fünf Schritte der Liebe*, die uns dabei helfen können, dass unser Leben auf Dauer von der Liebe Gottes geprägt wird.

1. Mit Gott verbunden sein
»Liebe Gott mit deinem ganzen Herzen!« Sie wurden zur Freude Gottes erschaffen, deshalb ist es Ihre Berufung, Gott zu lieben. Bleiben Sie in enger Verbindung mit ihm, lesen Sie sein Wort, beten Sie, hören Sie auf seine Stimme.

2. Mit anderen verbunden sein
Sie wurden als Teil von Gottes Familie erschaffen, deshalb ist es Ihre Berufung, sich einer Gemeinde anzuschließen. Bleiben Sie nicht in der Anonymität, sondern machen Sie sich auf den Weg. Schließen Sie sich einem Hauskreis, einer Kleingruppe an, und erleben Sie, wie es ist, seinen Beitrag zu etwas ganz Großem zu leisten.

3. Sich selbst verändern lassen
Die Fähigkeit zu lieben beginnt in der Umformung unseres Wesens und Charakters. Gott möchte, dass wir Jesus ähnlicher werden, und das, was Jesus am stärksten kennzeichnete, war seine Liebe zu den Menschen.

4. Für andere da sein
»Liebe deinen Nächsten wie dich selbst.« Gott möchte, dass wir Liebe in die Praxis umsetzen. Das geschieht z. B. durch Mitarbeit in der Gemeinde.

5. Gottes Liebe an andere weitergeben
Was wir erfahren haben, dürfen wir an andere Menschen weitergeben. Gottes Liebe gilt allen Menschen, und er wünscht sich, dass alle davon erfahren – durch uns.

Bibellese: Matthäus 22,34–40

Fragen zum Nachdenken: Fünf Schritte, fünf Herausforderungen – wo wollen Sie anfangen? Was ist für Sie »dran«?

Reisenotizen

Wie »40 Tage – Liebe in Aktion« eine Gemeinde verändert

Was dieses Buch in Ihrer Gemeinde auslösen könnte

Man kann sich die Dynamik kaum vorstellen, die dieses Buch auslöst, wenn es nicht nur von einem Einzelnen, sondern im Rahmen der Kampagne »40 Tage – Liebe in Aktion« von einer ganzen Gemeinde gleichzeitig gelesen wird:

- *»Hunderte von Gemeinden sind schon von den 40-Tage-Aktionen erfasst worden. Die guten Erfahrungen überzeugen. Eingefahrene Hauskreis-Strukturen werden aufgebrochen, neue Kleingruppen entstehen. Die Offenheit zur Integration von neuen Menschen wächst. Die ›Gottesdienstkultur‹ wird verfeinert. Menschen gehen Mut machende Schritte im geistlichen Leben, lassen sich taufen oder werden Mitglied. Was will man mehr? Damit werden die Gemeinde und ihr Freundeskreis auf eine Weise erreicht wie auf kaum einem anderen Weg je zuvor.«*
  (Pastor Dieter Stiefelhagen, Sekretär des Mülheimer Verbandes und Chefredakteur von »Gemeinde konkret«)

- *»Die Gesamtauswertung der Kampagne von ›40 Tage – Liebe in Aktion‹ war äußerst positiv. Unsere Gemeinde wurde sehr gesegnet.«*
  (Pfarrer Johannes Beyerhaus, Schwäbisch Hall)

- *»›Liebe in Aktion‹ beschreibt nicht nur den offensichtlichen Bedarf an Liebe, sondern deckt treffsicher Defizite auf. Kaum eine Veranstaltung hat je so unmissverständlich klargemacht wie diese, dass jeder einzelne Mensch in der Gemeinde durch sein persönliches Leben die volle Mitverantwortung für die Qualität der Gemeinschaft trägt.«*
  (Matthias Schultz, 1. Vorsitzender der Paulus-Gemeinde in Bremen)

Die Kampagnen-Idee geht um die Welt

Im Jahr 2000 führte die Saddleback-Gemeinde im Süden von Los Angeles zum ersten Mal eine Kampagne durch, in der sich die gesamte Gemeinde sieben Wochen lang mit einem Thema beschäftigte. Die Gottesdienste am Wochenende eröffneten jeweils das Thema, das in der darauf folgenden Woche in den Kleingruppen und in der täglichen persönlichen Zeit mit Gott vertieft wurde. Dafür wurden den Gemeindegliedern verschiedene Materialien zur Verfügung gestellt.

Der Zuspruch war so groß, dass die Gemeinde ein Jahr später ihre nächste Kampagne, »50 Days of Love« (etwa: »50 Tage – Liebe in Aktion«), ins Leben rief und bald danach die Aktion »40 Days of Purpose« entwickelte (im Deutschen lief sie unter dem Namen »40 Tage – Leben mit Vision«). Das Ergebnis war überwältigend. Während der letzten Kampagne wurden 671 Menschen getauft 1.200 neue Mitglieder begrüßt und die Zahl der Gottesdienstbesucher steigerte sich an den Wochenenden um durchschnittlich 2.000. Die Zahl der Kleingruppen und Hauskreise wuchs auf 2.400 mit insgesamt 25.000 Teilnehmern an. Pastor Rick Warren ist der Meinung, dass diese Erfahrungen auch anderen Gemeinden zugänglich gemacht werden sollten: »In unserer 23-jährigen Geschichte gab es nichts, das mehr Leben verändert hätte als

›40 Tage – Leben mit Vision‹. Es hat unsere Gemeinde verwandelt und unsere Mitglieder auf eine Art und Weise mobilisiert, die wir uns nicht hätten träumen lassen. Deshalb wollen wir unsere Erfahrung mit Ihnen teilen.«

Das ist inzwischen geschehen. Mehr als 40.000 Gemeinden weltweit haben schon die Aktion »40 Tage – Leben mit Vision« durchgeführt – allein 600 im deutschsprachigen Raum. Mit dem Buch »Liebe in Aktion« steht nun den Kirchen in Deutschland auch die zweite Kampagne der Saddleback-Gemeinde zur Verfügung.

Einfach genial: Alle haben das gleiche Ziel vor Augen

Das Konzept dieser Kampagne ist letztlich so einfach, dass man sich fragt, warum Gemeinden nicht schon viel früher diesen Gedanken entwickelt haben. In dem einfachen Aufbau der Kampagne liegt etwas Geniales, man kann sagen, etwas Großartiges.

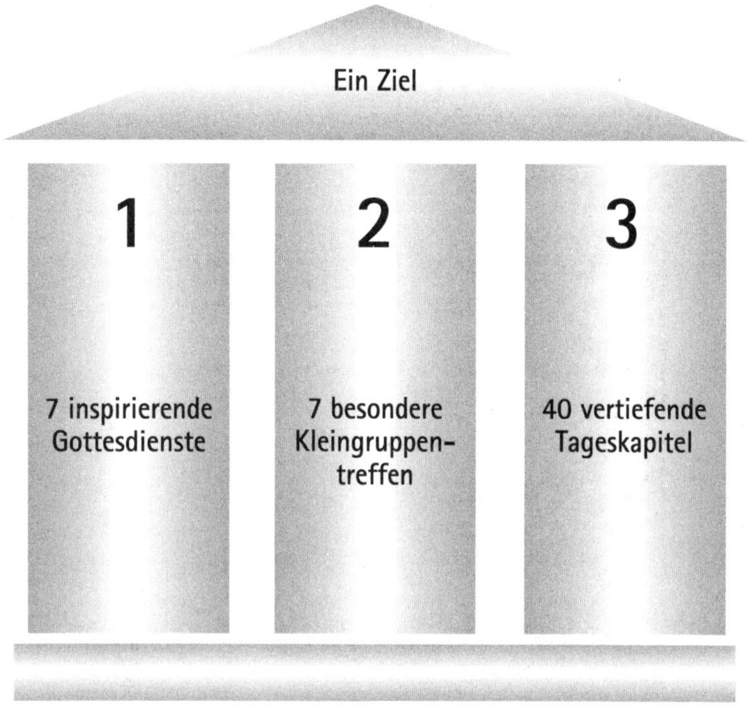

Die Kampagne steht auf drei Säulen:

- 7 inspirierende Gottesdienste
- 7 besondere Kleingruppentreffen
- 40 vertiefende Tageskapitel aus diesem Buch

7 intensive Wochen und ein Thema – das macht die Dynamik der Kampagne aus. Für 40 Tage öffnen sich Gemeinden in besonderer Weise für Suchende und Kirchendistanzierte, lesen gemeinsam mit den Teilnehmern jeden Tag ein Kapitel aus dem Buch »Liebe in Aktion«, treffen sich wöchentlich in Kleingruppen, um sich über das Gelesene auszutauschen, und feiern inspirierende Gottesdienste, die in das Thema der Woche einführen. »40 Tage – Liebe in Aktion« ist sowohl nach außen als auch nach innen ausgerichtet, das heißt glaubenseinladend und glaubensstärkend. In der besonderen Verbindung von Gesamtgemeinde, Kleingruppe und persönlichem Leben liegt die Stärke dieser Kampagne.

Warum dieses Buch weit mehr als ein Buch sein will

Als wir in der Bremer Matthäus-Gemeinde die erste Kampagne hinter uns hatten, haben wir uns auf Grund der positiven Erfah-

rungen natürlich gefragt, wie es weitergehen könnte. Wie können wir das bisher Gelernte vertiefen? Dabei entdeckten wir die zweite Aktion der Saddleback-Gemeinde: »50 Days of Love«. Wir fanden das Konzept ausgezeichnet. Diese Aktion diente uns als Grundgerüst für »40 Tage – Liebe in Aktion: Echte Beziehungen leben«.

In Saddleback waren für diese Kampagne allerdings nicht so viele Materialien entwickelt worden. Zum Beispiel gab es kein Aktionsbuch – das haben wir als Pastoren der Gemeinde dann selbst geschrieben. In 40 kurzen Tageskapiteln wollten wir das Thema »Echte Beziehungen leben« auf den Punkt bringen. Das Buch sollte Dreh- und Angelpunkt für die Kampagne sein. Wir empfehlen sehr, dieses Buch nicht nur allein, sondern im Rahmen von »40 Tage – Liebe in Aktion« mit der gesamten Gemeinde zu lesen. Für die Durchführung der Kampagne haben wir noch weitere Materialien entwickelt. Dabei spannt sich der Bogen vom Kindergottesdienst über die Jugendstunde bis hin zur Bibelstunde. Für alle Gemeindegruppen gibt es also Materialien.

Was ist nun das Besondere an »40 Tage – Liebe in Aktion«?

Es ist zunächst das Thema. Liebe – über kaum ein anderes Wort wird häufiger geschrieben und gesprochen. Das große Interesse der Medien wurde uns besonders deutlich, als die örtliche Presse sofort aufgeschlossen auf die Aktion reagierte. Auch ein Radiosender rief uns an. Er wollte an den sieben Sonntagen einen kurzen Trailer zum jeweiligen Thema senden. Eine solche Resonanz hatten wir so noch nicht erlebt.

Die Aktion ist auf dem 13. Kapitel des ersten Korintherbriefes aufgebaut und entfaltet an jedem Sonntag einen weiteren Aspekt aus dem so genannten »Hohen Lied der Liebe«. Die Inhalte dieses Bibelabschnittes finden in besonderen Aktionen, die die Kampagne begleiten, ihren Ausdruck.

Zu jedem Gottesdienst gibt es eine solche, von uns eigens entwickelte Aktion. Sie zeigt anhand von »Aktionskarten« konkrete Reaktionsmöglichkeiten auf die Predigt auf. In einem Gottesdienst wurden die Teilnehmer zum Beispiel dazu aufgefordert, mit einem kleinen

Kartengruß jemand anderem seine Wertschätzung auszudrücken. Ein anderes Mal ging es darum, jemanden aus der Gemeinde einzuladen, den man noch nie zu sich nach Hause eingeladen hatte. Diese Aktionen wurden ausgiebig genutzt, und sie haben dazu beigetragen, an Beziehungen zu arbeiten und sie zu vertiefen.

Auch eine andere Aktion wurde sehr gut angenommen: Für Ehepaare hatten wir ein Candlelight-Dinner mit acht Gängen angeboten, das ganz schnell ausverkauft war. Ebenso wurde ein Eheseminar von vielen genutzt, um an ihrer wichtigsten Beziehung zu arbeiten. Ein Gemeinde-Dinner war vor allem für Menschen gedacht, die in den letzten ein, zwei Jahren zur Gemeinde dazugestoßen waren. Aber es kamen auch manche »Alteingesessene«, die sich an diesem schönen Abend mit einem Essen verwöhnen ließen und es genossen haben, dass einmal kein großes Programm geboten wurde, sondern viel Zeit zum gegenseitigen Kennenlernen und für Gespräche da war.

Die Kampagne bietet eine Fülle von Möglichkeiten und will deutlich machen, dass Liebe nicht nur ein Wort ist, sondern auf vielfältige Weise umgesetzt werden kann.

»40 Tage – Liebe in Aktion« übertraf alle unsere Erwartungen

Schon von der ersten Kampagne, »40 Tage – Leben mit Vision«, in der es um den Sinn und das Ziel des Lebens geht, waren wir fasziniert. Aber dann begeisterten uns die Erfahrungen, die wir mit »40 Tage – Liebe in Aktion« gemacht hatten, noch mehr als die bei unserer ersten 40-Tage-Aktion: Die Anzahl der Gottesdienstbesucher stieg. Wo sonst 550 Besucher kamen, waren es jetzt im Durchschnitt 700. Die Anzahl der Hauskreise nahm ebenfalls zu – von 40 auf 55. Für die Hauskreise waren auch Videos und DVDs produziert worden, die – wenn sie auch nicht gerade mit professioneller Aufnahmetechnik angefertigt worden waren – dennoch auf starke, sehr positive Resonanz stießen. Für die Hauskreise war die 14-minütige Video-Einführung in den Abend, die sie von ihren Pastoren beziehungsweise ihrem Jugendreferenten bekamen, wie ein persönlicher Besuch.

Von der Aktion bekamen wir aus unserer Gemeinde viele Rückmeldungen. Zum Beispiel diese:

- *»Die Aktion hat eine deutliche geistliche Vertiefung für die gesamte Gemeinde gebracht.«*
- *»Ein wichtiges Stichwort war für uns das Motto: ›Hauskreise für alle‹. Dadurch wurden wir inspiriert, einen neuen Hauskreis zu gründen.«*
- *»Ich fand es super, dass wir in der Jugendgruppe unter dem Thema ›All you need is love‹ über dieselben Fragen nachdenken konnten wie die anderen Gruppen in der Gemeinde.«*

Andere Gemeinden sind ebenfalls begeistert

Uns haben die Ergebnisse von »40 Tage – Liebe in Aktion« derart beflügelt, dass wir beschlossen, auch anderen Gemeinden die Kampagne zu ermöglichen. Wir starteten ein Pilotprojekt mit 21 Gemeinden, denen wir unsere gesamten Materialien zur Verfügung stellten. Das Spektrum der Pilotgemeinden war weit gefächert. Egal, ob Landeskirchen, landeskirchliche Gemeinschaften, Baptisten, Mennoniten, Pfingstgemeinden, charismatische Gemeinden, Freie Evangelische Gemeinden, Gemeinden des Mülheimer Verbandes, der Nazarener oder völlig unabhängige Gemeinden: Die Erfahrungen waren überall positiv.

Mit einem detaillierten, fünfseitigen Fragebogen wurden die Erfahrungen der 21 teilnehmenden Gemeinden ausgewertet. Es sollten dabei die verschiedenen Aspekte der Aktion auf einer Skala von 1 (sehr gut) bis 5 (mangelhaft) benotet werden. Gleichzeitig baten wir um Kommentare und Verbesserungsvorschläge. Die entscheidende Frage aber lautete, wie die Gemeinden die Kampagne insgesamt beurteilten. Es gab fünf Bewertungsmöglichkeiten:

»40 Tage – Liebe in Aktion« war für die Gemeinde ...

1 = ein *absoluter Gewinn* – wir können es anderen nur weiterempfehlen
2 = ein *Gewinn*, den wir trotz mancher Probleme nicht mehr missen wollen
3 = *nicht schlecht*, aber auch nicht unbedingt ein Höhepunkt
4 = nur mit *einigen Problemen* durchzuführen
5 = eine *Fehlinvestition* – wir hätten besser etwas anderes machen sollen

Das Ergebnis war überwältigend: Für 96 Prozent der Teilnehmer war die Aktion ein »absoluter Gewinn« oder ein »Gewinn, den sie nicht missen wollen«.

»40 Tage – Liebe in Aktion« war für die Gemeinde ...
(Gewichtung nach Besucherzahl bei insgesamt 3.600 Teilnehmern)

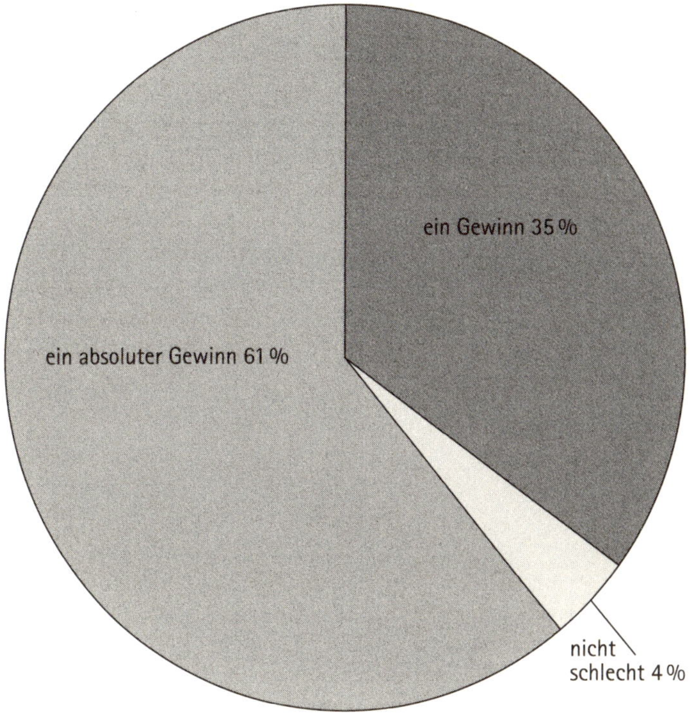

Johannes Beyerhaus, Pfarrer in Schwäbisch Hall, schrieb uns: »Anfänglich hatte ich die Befürchtung, dass nach der großartigen Aktion ›Leben mit Vision‹ diese neue Aktion als müdes ›Remake‹ rüberkommen könnte. Das war aber nicht der Fall. Die Meisten empfanden die Aktion als sehr lebensnah und bereichernd. Etliche Kleingruppen bewerteten die Aktion insgesamt sogar als noch gelungener als ›Leben mit Vision‹.«

Und Klaus-Günter Pache, Pastor in Bremen, meinte: »Wer nicht mitmacht, ist selber schuld!« Seine Aussage ist berechtigt: In der Paulus-Gemeinde stieg bei der Kampagne »40 Tage – Leben mit Vision« die Anzahl der Hauskreise von 40 auf 70, bei »Liebe in Aktion« vergrößerte sich die Zahl noch einmal und wuchs auf 90 Kleingruppen an. Mehr kann man sich als Pastor kaum wünschen.

Die 21 Gemeinden des Pilotprojektes »40 Tage – Liebe in Aktion« und ihre Zugehörigkeit
(Gewichtung nach Besucherzahl bei insgesamt 3.600 Teilnehmern)

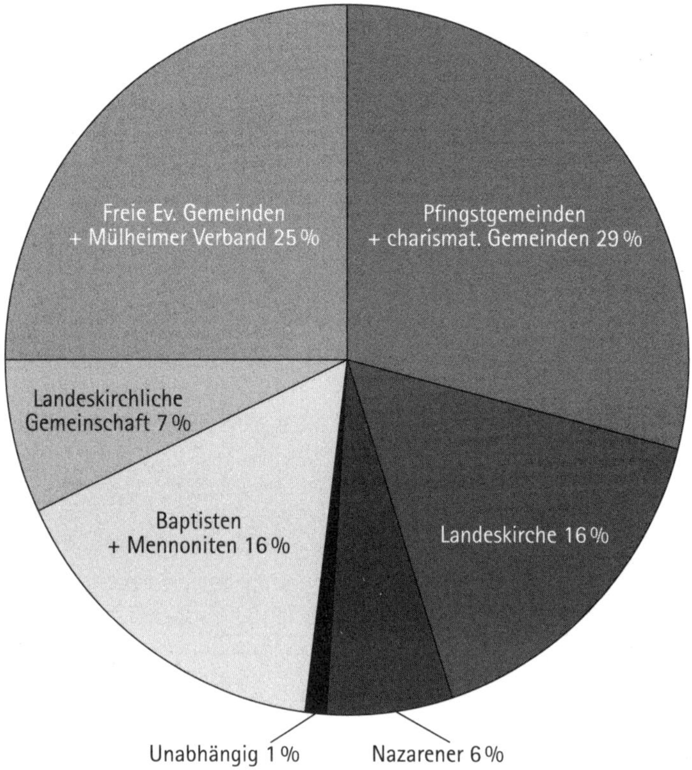

Wilfried Bohlen, Vorstandsmitglied der »Koalition für Evangelisation« und der Deutschen Evangelischen Allianz, bringt die Erfahrungen auf den Punkt. Er schreibt: »Durch die 40-Tage-Aktionen ›Leben mit Vision‹ und ›Liebe in Aktion‹ bekommen die Gemeinden ehrliche, biblische Antworten und Hilfe zum geistlichen Leben. Deshalb können wir ›40 Tage – Leben mit Vision‹ und ›40 Tage – Liebe in Aktion‹ nur weiterempfehlen!«

Ein Fülle von Materialien steht zur Verfügung

Die Pilotgemeinden konnten neben dem vorliegenden Buch auf eine Fülle von Materialien zurückgreifen:

- ein Kleingruppenheft
- DVDs oder Videos für Kleingruppen
- Bibelvers-Kärtchen für die Gottesdienste
- 10 verschiedene Aktionskarten
- Flyer zum Einladen
- Plakate (im A3-Format)
- Video-Clips zur Gestaltung der Gottesdienste

Außerdem wurden einige Materialien in elektronischer Form zur Verfügung gestellt:

- Predigten
- Gottesdienstabläufe (als Anregung)
- Theaterstücke
- Unterlagen für Jugendgruppen-Abende
- Präsentationsmaterialien (Themenfolien, Bibelvers-Kärtchen)
- Ablaufpläne der gesamten Aktion, Gemeinde-Infos, Gebets-Infos usw.

Inzwischen sind auf Grund der Erfahrungen der Pilotgemeinden weitere Materialen entwickelt worden. Insgesamt 300 Dateien stehen nun für die teilnehmenden Gemeinden zur Verfügung.

Was bei der Durchführung einer Kampagne zu beachten ist

Was ist nun das »Erfolgsgeheimnis« einer solchen Kampagne? Rick Warren nennt dafür fünf Grundprinzipien:

1. **Intensives Gebet**: Dieser geistlichen Reise gehen Wochen der Vorbereitung im Gebet voran. Viele praktische Ideen und Umsetzungshilfen werden den Stellenwert des Gebetes in Ihrer Gemeinde ganz neu betonen.

2. **Fokussierung auf ein Thema**: Während der 40 Tage wird sich die gesamte Gemeinde – vom Kindergottesdienst bis zum Seniorenkreis – auf dasselbe geistliche Thema konzentrieren. Sie werden überrascht sein, was in Ihrer Gemeinde alles geschieht, wenn sie sich einstimmig und intensiv auf *ein* Thema ausrichtet!

3. **Vielfältige Bestärkung**: Diese Reise besteht aus vier geistlichen Übungen, die sich gegenseitig ergänzen: sonntäglicher Gottesdienstbesuch, tägliche Stille Zeit, ein wöchentlich stattfindendes Kleingruppentreffen und das regelmäßige Auswendiglernen von Bibelversen.

4. **Anwendungsorientierte Lehre**: Jede Einheit ist so konzipiert, dass sie Menschen dabei ermutigt, »Täter des Wortes und nicht Hörer allein« (vgl. Jakobus 1,22) zu sein. Jede Predigt und jeder Impuls für einen

Kleingruppenabend enthält praktische Umsetzungshilfen für den Alltag. Besondere Veranstaltungen regen an, das Gehörte gleich in der Gemeinde umzusetzen.

5. Von Gott Großes erwarten: Diese Art zu denken fordert den Glauben heraus. Von Gott alles zu erwarten bedeutet, eine solche Kühnheit zu entwickeln, dass man geradezu gezwungen ist, sich völlig auf Gott zu verlassen, weil man weiß, dass man das Ziel nicht aus eigener Kraft erreichen kann. Es bedeutet zu erwarten, dass Gott etwas tut, das in Ihrer Gemeinde noch nie zuvor geschehen ist.

In der Passionszeit wollen nun die Gemeinden der zwölf Mitgliedskirchen der Vereinigung Evangelischer Freikirchen (VEF) gemeinsam mit vielen landeskirchlichen Gemeinden eine neue Initiative starten. Unter dem Motto »7 Wochen mit ...« regt die Arbeitsgruppe »Inlandmission« der VEF an, in den sieben Wochen vor Ostern – in denen die Menschen erfahrungsgemäß für spirituelle Fragen offener sind als sonst – gemeinsam mit Hunderten von Gemeinden und Kleingruppen gleichzeitig eine Kampagne durchzuführen. So soll in der Passionszeit 2007 unter dem Motto »7 Wochen mit ... Vision« die Kampagne »Leben mit Vision« durchgeführt werden. Für 2008 ist die Aktion »7 Wochen mit ... Liebe« geplant. In dieser Zeit wollen die beteiligten Gemeinden ihre Türen vor allem für suchende und kirchendistanzierte Menschen öffnen. Pastor Hans-Peter Mumssen, Vorsitzender der Arbeitsgemeinschaft »Inlandmission« innerhalb der VEF, verbindet mit dieser Initiative die Hoffnung, dass »›7 Wochen mit ...‹ ein Auftakt dafür wird, dass sich Jahr für Jahr Christen gemeinsam mit einem zentralen Thema des christlichen Lebens beschäftigen. Ich stelle mir vor: Ein Baptist, ein Lutheraner und ein Pfingstler treffen sich zufällig im Einkaufszentrum ihres Ortes und unterhalten sich angeregt über das geistliche Thema, mit dem sie sich gerade zeitgleich in ihren Gemeinden auseinander setzen. Welch ein Segen und welch ein natürliches Zeugnis würde das sein! Deshalb wünsche ich mir, dass sich die Aktion ›7 Wochen mit ...‹ zu einem Highlight unter den Gemeinden in Deutschland entwickelt.«

Auch Ihre Gemeinde kann teilnehmen

Inzwischen wird die Kampagne »40 Tage – Liebe in Aktion« bundesweit angeboten. Wenn Sie noch darüber nachdenken, ob diese Aktion wirklich etwas für Sie ist, dann finden Sie alle weiteren Infos unter www.kirchemitvision.de.